El Imperio romano

Un recorrido apasionante por la Roma imperial

Tabla de contenidos

Introducción

La primera civilización surgió alrededor del año 3500 a. C. en Mesopotamia. Un par de siglos más tarde, el Nilo comenzó a ser testigo de los primeros indicios de colonos en sus orillas. Más tarde nacieron los griegos, que se alzaron rápidamente como una de las civilizaciones más influyentes de la historia. Más de mil años después, la Tierra fue testigo de la aparición de otra civilización. Esta vez fue en algún lugar de la región del Yangtsé, en China. Hubo que esperar hasta mediados del siglo VIII a. C. para que el mundo diera la bienvenida a la civilización romana, que se creía fundada cerca del río Tíber.

A pesar de la tardía llegada de los romanos en comparación, su antigua civilización consiguió prosperar. Comenzando con un pequeño y humilde reino, los romanos entraron después en un largo y duro periodo de república antes de transformarse finalmente en uno de los imperios más poderosos de todo el mundo. Abarcaba la mayor parte del continente europeo, las islas mediterráneas, el norte de África y la mayor parte de Asia occidental.

Roma, a veces conocida como la Ciudad Eterna, era el núcleo del imperio. En esta misma ciudad se encontraba el palacio del emperador. También era el corazón de Roma, ya que los senadores se reunían allí para discutir los asuntos urgentes del Estado. El Foro Romano, el Circo Máximo y, por supuesto, el conocido Coliseo se encontraban en la gloriosa Ciudad Eterna. De hecho, Roma está considerada por los historiadores como una de las ciudades más grandes de la historia antigua. Las numerosas estructuras y documentos que se conservan son un recordatorio constante de lo avanzada que era la civilización romana en aquella época.

Como imperio que no cesaba de ver la expansión de sus fronteras cada pocos años, los romanos estaban sin duda orgullosos de su destreza militar. Sufrieron más de una docena de derrotas a lo largo de los años —Pirro, Aníbal y Mitrídates VI del Ponto fueron algunos de los enemigos más formidables de la antigua Roma—, pero el ejército romano era conocido por su gran resistencia. Su entrenamiento no hacía más que endurecerse, al igual que los castigos, lo que garantizaba que los soldados estuvieran siempre listos para otra batalla. En pocas palabras, los romanos no sabían perder, lo que con el tiempo se convirtió en la principal clave del éxito del imperio.

Sin embargo, las campañas de conquista y las batallas no eran los únicos asuntos acuciantes de Roma, que se veía constantemente enredada en sus propios problemas políticos. El imperio fue gobernado en múltiples ocasiones por emperadores débiles y egoístas, lo que a menudo desembocaba en el caos. Las crisis económicas, las hambrunas y las plagas mortales también eran familiares para los romanos; estos fueron algunos de los factores que estuvieron a punto de hundir el imperio en el siglo III de nuestra era. Sin embargo, el Imperio romano prevaleció y superó cada uno de los obstáculos que se le presentaron, pero las sangrientas escaramuzas y conflictos nunca terminarían del todo.

Este libro pretende ofrecer a los lectores no solo un apasionante viaje por los acontecimientos que tuvieron lugar en el Imperio romano, sino también una interesante visión general de cómo vivían los romanos su vida cotidiana dentro de los seguros muros de la Ciudad Eterna. Descubra cómo Augusto se convirtió en el «padre de Roma», las diferentes clases sociales y sus tradiciones, la expansión del cristianismo y la terrible caída del Imperio romano de Occidente.

Capítulo 1 - Augusto y los Claudios

Julio Cesar es recordado por ser uno de los más grandes generales de Roma. A veces resulta difícil recordar que también era humano. Cuando una espada apuñaló al dictador de cincuenta y cinco años, sangró. Bastó una puñalada en el cuello para que el dictador se tambaleara y cayera indefenso al suelo. Tras veintitrés puñaladas asestadas por sus compañeros senadores, Julio Cesar sucumbió finalmente a sus heridas. Su toga púrpura quedó empapada en un charco de su sangre, y su cuerpo quedó desatendido durante unas horas en la base de la Curia de Pompeyo, ya que nadie se atrevía a acercarse al otrora glorioso dictador vitalicio.

El asesinato de Julio Cesar
https://commons.wikimedia.org/wiki/File:Vincenzo_Camuccini_-_La_morte_di_Cesare.jpg

Las noticias sobre el terrible asesinato de Cesar llegaron a Cayo Octavio (más conocido como Octavio), de diecinueve años, sobrino nieto de Cesar, que cursaba sus estudios militares en Apolonia con su amigo de la infancia, Marco Vipsanio Agripa. Algunos afirman que Octavio dudó en un principio en regresar a Roma tras conocer la noticia, ya que sospechaba que los conspiradores podrían darle caza a continuación, sobre todo teniendo en cuenta que Cesar no tenía hijos legítimos según la ley romana. Sin embargo, más tarde cambió de opinión tras escuchar los consejos de Agripa.

Octavio se embarcó hacia Italia, donde conoció el contenido del testamento de Cesar. Además de dejar dos tercios de su fortuna a Octavio, el difunto dictador había adoptado oficialmente a Octavio, convirtiéndolo así en su heredero. Tras aceptar oficialmente la adopción, Octavio asumió el nombre de Cayo Julio Cesar, lo que hizo que la mayoría de la opinión pública acogiera calurosamente su regreso. Sin embargo, una figura influyente no estaba de acuerdo con los demás. Se llamaba Marco Antonio. Había sido el aliado más cercano de Cesar y uno de sus mejores generales.

Desde el principio, Octavio nunca estuvo de acuerdo con Antonio. Aunque Octavio expresó su gratitud a Antonio por organizar el funeral de Cesar, también lo criticó por perdonar a los conspiradores. Antonio, que subestimaba constantemente a Octavio, avivó la rivalidad entre ambos al negar al futuro emperador el derecho a la fortuna de Cesar, uno de los signos que demostraban el abuso de poder de Antonio.

Algunos de los senadores, especialmente Marco Tulio Cicerón, el mayor orador y estadista de Roma, empezaron a retirar su apoyo a Antonio, ya que lo veían como otro tirano sediento de poder. La mayoría de ellos se centraron en Octavio, a quien consideraban el mal menor. Viendo que la creciente tensión entre los dos rivales podía aprovecharse, Cicerón compuso las *Filípicas*, una serie de discursos de odio condenando a Antonio en un esfuerzo por reunir a los senadores en su contra. Tuvo éxito, ya que Marco Antonio fue declarado enemigo público poco después.

Octavio, junto con otros dos cónsules, Hircio y Pansa, fueron enviados por el Senado para reprimir a Antonio, que estaba asediando Décimo en la Galia Cisalpina. Los dos cónsules, sin embargo, perdieron la vida durante la batalla, dando así a Octavio la oportunidad de mostrar su impresionante mando. Las fuerzas de Antonio fueron derrotadas en el 43 a. C. por Octavio. Sin embargo, el Senado no tenía intención de recompensar al futuro emperador, ya que su creciente influencia se consideraba una amenaza. El mando de las legiones de Roma fue otorgado a Décimo en lugar de Octavio, mientras que los principales asesinos de Cesar, Casio y Bruto, recibieron las gobernaciones de Macedonia y Siria.

Viendo que no había otra forma de devolver la gloria a Roma con las traicioneras decisiones del Senado, Octavio recurrió a una improbable alianza con Antonio y Marco Emilio Lépido, otro de los aliados cercanos y generales de Cesar. Juntos formaron el Segundo Triunvirato y establecieron la Lex Pedia, una ley que castigaba a todos los implicados en el asesinato de Cesar. Persiguieron a todos los senadores que se creía que habían participado en el asesinato y se les confiscaron sus fortunas; incluso Cicerón, que no participó directamente en el asesinato, corrió la misma suerte. El Segundo Triunvirato pronto cumplió su misión al salir victorioso de la batalla de Filipos, donde acabó con los principales conspiradores, Casio y Bruto.

Ilustración de la batalla de Accio en el año 31 a. C.
https://commons.wikimedia.org/wiki/File:Castro_Battle_of_Actium.jpg

Una vez eliminados los asesinos de Cesar, el Segundo Triunvirato conservó su poder sobre la República romana durante años. Sin embargo, la decisión de Antonio de divorciarse de Octavia (hermana de Octavio) en favor de la reina egipcia Cleopatra causó un terrible revuelo en Roma. El Senado despojó a Antonio de sus poderes y declaró la guerra a Cleopatra, lo que condujo a la batalla de Accio, la última guerra civil de la República romana, que finalmente dio lugar al ascenso de Octavio como primer emperador de Roma.

Aprendiendo del error de su padre adoptivo, Octavio se cuidó de no hacer ostentación de su poder sobre Roma, aunque ya era aclamado como un héroe tras salir victorioso contra Antonio y Cleopatra. En el año 27 a. C., Octavio anunció su retirada del mundo político, a lo que el Senado no estuvo de acuerdo y le rogó que tomara las riendas. Se le concedió el título de Augusto, que se traduce como el «Venerado». Esto marca el inicio del Imperio romano. Aunque Octavio ostentaba ahora el título de Augusto, se aseguró de no dirigirse nunca a sí mismo con su honorable título, utilizando en su lugar el de «primer ciudadano».

Bajo el reinado del emperador Augusto, Roma fue recompensada con la paz, y casi todos los aspectos de la vida romana cambiaron a mejor. Pronto se introdujo un nuevo sistema tributario, junto con un censo. Se promulgaron nuevas leyes para garantizar la estabilidad moral y matrimonial de los ciudadanos de Roma. Según el antiguo historiador romano Casio Dio, Augusto desterró una vez a su única hija, Julia, a la pequeña isla de Pandateria al descubrir su comportamiento escandaloso.

Mapa del Imperio romano

Jani Niemenmaa, CC BY-SA 3.0 <http://creativecommons.org/licenses/by-sa/3.0/>, vía Wikimedia Commons: https://commons.wikimedia.org/wiki/File:Roman_Empire_Map.png

Las brillantes estrategias y dotes de mando de Augusto ayudaron enormemente al imperio a expandir sus fronteras. El Imperio romano se anexionó con éxito no solo Egipto, sino también una parte de España y Europa Central, junto con regiones de Oriente Próximo, incluida Judea, que finalmente quedó bajo dominio romano directo en el año 6 de la era cristiana. Con más regiones y territorios a su alcance, el emperador amplió la red de calzadas romanas y fundó el primer servicio postal de Roma para garantizar una mejor comunicación a larga distancia. Durante el reinado de Augusto se crearon cuerpos de policía y de bomberos, así como la Guardia Pretoriana, una fuerza de élite encargada de proteger tanto a la familia imperial como a Roma.

La economía y las artes del imperio florecieron. Roma vio nacer las famosas termas romanas; el amigo más íntimo del emperador y principal adjunto, Marco Vipsanio Agripa, diseñó las primeras termas del imperio. El emperador incluso renovó varias prácticas religiosas en Roma y restauró un gran número de templos, incluido el templo de Júpiter Feretrio, el primer templo de Roma (ahora destruido) que se cree que fue construido en la colina Capitolina. Solo en el año 28 a. C., el emperador restauró al menos ochenta y dos templos de la ciudad.

Augusto fue conocido por iniciar la Pax Romana, la edad de oro de Roma. En honor a su gran éxito, en el año 2 a. C. se le concedió al emperador otro título honorífico: *Pater Patriae* o «padre de la patria». Augusto se enfrentó a varios complots de asesinato, aunque ninguno tuvo éxito. Consiguió gobernar el imperio hasta que finalmente murió de causas naturales en agosto del año 14 de la era cristiana. El manto pasó entonces a su hijo adoptivo, Tiberio.

Tiberio Augusto Cesar, el emperador reticente

Tiberio no era la primera opción de Augusto. De hecho, el emperador había elegido previamente a otros tres herederos para continuar su legado. Eran sus dos nietos, Lucio y Cayo Cesar, y su sobrino, Marcelo. Pero cuando los tres herederos se turnaron para morir misteriosamente —algunos afirmaron que fue la madre de Tiberio, Livia, quien movió los hilos y los eliminó de la escena política, aunque nunca se confirmó—, a Augusto no le quedó más remedio que centrarse en su distanciado hijastro, Tiberio.

Estatuas de Tiberio y su madre, Livia

Tiberio era conocido por su destreza militar. Después de todo, era un general de éxito que había llevado a las fuerzas romanas a la victoria tanto en Armenia como en Alemania. Pero por mucho que disfrutara al mando de sus legiones, Tiberio no tenía intención de estar en el punto de mira del mundo político. No obstante, fue coronado segundo emperador del imperio en cuanto Augusto exhaló su último suspiro. Un año después de la sucesión, Tiberio se mostró bastante ausente. Sus proyectos se suspendieron abruptamente y su relación con el Senado se deterioró. A pocos les gustaba su gobierno, algo de lo que el emperador era consciente.

La paranoia de ser derrocado empezó a nublar el juicio de Tiberio. Puso sus ojos en Germánico, un brillante general y el siguiente emperador en la línea de sucesión (Tiberio lo había adoptado a petición del difunto Augusto). Sin embargo, en 18 a. C., Germánico murió repentinamente, dejando a su esposa sola con sus seis hijos.

Creyendo que se trataba de un asesinato planeado, la viuda de Germánico, Agripina la Vieja, acusó a Tiberio de organizar el asesinato. Como resultado, Agripina y sus dos hijos mayores fueron asesinados. El resto de sus hijos menores, Calígula y sus hermanas, se salvaron, ya que no suponían una amenaza real para Tiberio. Tras este incidente, Tiberio se volvió cada vez más cruel y condenaba a muerte a aquellos que consideraba en su contra. Los juicios por traición se convirtieron en la norma, y los romanos vivían atemorizados.

En el año 26 a. C., Tiberio se ausentó por completo de la escena política. Abandonó Roma y se trasladó a Capri, una isla de la costa italiana. Mientras se entregaba al lujo y a escandalosos asuntos privados, los asuntos oficiales del imperio quedaban en manos de Sejano, jefe de la Guardia Pretoriana y hombre despiadado que pretendía hacerse con el trono. Finalmente, Tiberio se enteró de que Sejano conspiraba para eliminarlo; después de todo, Sejano había participado en la muerte de Druso, el hijo predilecto de Tiberio.

A toda prisa, Tiberio y otro guardia pretoriano llamado Nevio Sutorio Macrón (más conocido como Macrón) atrajeron y arrestaron a Sejano por traición. Fue condenado a muerte allí mismo. El ambicioso guardia fue estrangulado, sus miembros despedazados y echado a los perros. La misma suerte corrieron su familia y sus leales seguidores.

Macrón fue nombrado nuevo jefe de la Guardia Pretoriana, mientras que Calígula fue adoptado por Tiberio y convertido en su principal heredero. Pero incluso con la muerte de Sejano, el emperador seguía sin estar tranquilo. Los juicios por traición seguían asolando el imperio, y muchos romanos morían solo por sus sospechas infundadas. Tiberio permaneció en su villa alejado de los asuntos de estado hasta que murió en el año 37 de la era cristiana. Algunas fuentes afirmaron que su muerte fue orquestada por Calígula y que fue asesinado por Macrón, que lo asfixió hasta la muerte con una almohada. La muerte de Tiberio fue celebrada por muchos, pero la paz no duraría mucho en Roma.

Calígula, el emperador loco

Calígula no tenía experiencia en el gobierno, la diplomacia o incluso la guerra cuando fue nombrado emperador de Roma. Sin embargo, sus acciones durante los primeros meses de su sucesión hicieron que los romanos le tomaran cariño. Para borrar los horrores de su predecesor, Calígula puso fin a los despiadados juicios por traición, retiró a los exiliados y liberó a aquellos que Tiberio había capturado injustamente. Para regocijo de los ciudadanos romanos, se abolieron los sistemas impositivos innecesarios y se concedieron a la Guardia Pretoriana primas que llevaban mucho tiempo pendientes. Se reactivaron la mayoría de los proyectos abandonados por Tiberio, se restauraron con éxito muchos templos en ruinas y se erigieron nuevas e impresionantes estructuras por toda Roma. Para levantar el ánimo sombrío de Roma,

Calígula organizó un gran número de eventos fastuosos, como carreras de cuadrigas, espectáculos de gladiadores, lujosos banquetes y fiestas, para entretener a su pueblo. En ese momento, Calígula se convirtió en el emperador más admirado de Roma desde la muerte de Augusto.

Sin embargo, las cosas tomaron un giro diferente cuando el joven emperador sufrió una misteriosa enfermedad que casi acaba con su vida. La personalidad de Calígula cambió completamente para peor; se volvió casi como su predecesor. La paranoia pronto se apoderó del emperador, lo que lo llevó a restablecer los crueles juicios por traición. Aquellos de los que sospechaba que eran sus enemigos eran eliminados sin contemplaciones, y confiscaba sus fortunas para encubrir el deterioro de las arcas imperiales. Los que se salvaban de su ola de asesinatos eran constantemente humillados y atormentados. Incluso su tío y cocónsul, Claudio, se convirtió en el hazmerreír y fue insultado implacablemente ante el Senado. La locura extrema de Calígula no conocía límites. No solo declaró una vez la guerra a la población judía de Judea, sino que intentó nombrar cónsul a Incitatus, su amado caballo.

El asesinato de Calígula
https://commons.wikimedia.org/wiki/File:The_Assassination_of_the_Emperor_Caligula.jpg

Al igual que los emperadores que lo precedieron, Calígula tuvo problemas para proporcionar un heredero legítimo al trono. Según ciertas fuentes, el emperador loco estaba desesperado por tener un heredero hasta el punto de que recurrió a mantener relaciones sexuales con sus tres hermanas; sin embargo, esta afirmación sigue siendo discutida. No obstante, su reinado solo duró cuatro años. En enero del 41 d. C., la Guardia Pretoriana, encabezada por Casio Querea, una de las muchas víctimas de los ridículos insultos de Calígula, asesinó al emperador a sangre fría. Para librar a Roma de su linaje, mataron a su esposa y a su única hija. Así, el imperio quedó libre de un emperador sanguinario. Sin embargo, el siguiente gobernante sorprendió a muchos: no era otro que el tío cincuentón de Calígula, Claudio.

Claudio, el emperador inesperado

La ascensión al trono de Claudio fue diferente a la de sus predecesores. En lugar de figurar su nombre en el testamento del emperador anterior, Claudio fue proclamado emperador por la Guardia Pretoriana, que lo encontró encogido y tembloroso tras unas cortinas después de presenciar la muerte de Calígula. En sus primeros años de vida, Claudio fue descrito por sus propios parientes consanguíneos, incluida su madre, como un necio. A pesar de ser nieto de Augusto, muchos pensaban que Claudio era tonto. Sin embargo, así fue hasta que admitió que todo había sido una farsa para seguir con vida mientras Calígula ocupaba el trono.

La Guardia Pretoriana proclamando al aterrorizado Claudio como próximo emperador
https://commons.wikimedia.org/wiki/File:Proclaiming_claudius_emperor.png

Claudio era un candidato impopular a los ojos del Senado, por lo que se dudaba de su eficacia. Sin embargo, empezó a brillar cuando actuó contra los asesinos de Calígula. Casio Querea y algunos de los conspiradores fueron ejecutados. Sin perder tiempo, el emperador se dedicó a restablecer la paz en Roma. Restableció la ley, abolió los juicios por traición, construyó un puñado de nuevas estructuras, incluido un puerto en Ostia, y organizó juegos de gladiadores para entretener al pueblo. Cuando estalló un motín debido a la extrema escasez de alimentos tras una larga sequía, Claudio tomó la iniciativa de importar cereales y alimentar a sus súbditos.

El imperio también experimentó una gran expansión. Varias provincias quedaron bajo dominio romano directo. Su mayor triunfo fue la conquista de Britania, que durante mucho tiempo había sido objetivo de Roma debido a su riqueza. Para demostrar que era un gobernante muy capaz, Claudio abandonó Roma y condujo a su ejército a Britania.

Pero, por supuesto, como los emperadores que lo precedieron, Claudio tenía un lado oscuro. Cuando se vio obligado a enfrentarse a una revuelta liderada por el gobernador de la Alta Ilírica, el emperador se volvió paranoico. Aunque la revuelta se detuvo fácilmente —y muchos de los participantes fueron ejecutados—, Claudio empezó a sentirse incómodo con los que lo rodeaban. Aquellos de los que sospechaba que tenían malas intenciones hacia él fueron asesinados u obligados a suicidarse.

Además de su mala suerte en asuntos políticos durante los últimos años de su reinado, el emperador tampoco tuvo suerte con sus matrimonios. Se dice que Claudio se casó cuatro veces, pero fue su matrimonio con Agripina la Joven lo que le costó la vida. Agripina, que también era su sobrina, estaba empeñada en que su hijo Nerón subiera al trono imperial. Mientras que algunos sugieren que Claudio murió de viejo en el año 54 d. C., otros creen que su esposa lo envenenó. Sin Claudio, el manto pasó a Nerón, tal y como había soñado su madre.

Nerón, el emperador que entretiene

Nerón, el último de los emperadores Julio-Claudios, subió al trono a los dieciséis años y gobernó el vasto imperio durante catorce miserables años. Durante sus primeros años como emperador, su pueblo lo describía a menudo como un hombre generoso y de buen corazón que se preocupaba de verdad por sus súbditos. En un esfuerzo por eliminar las huellas dejadas por su padre adoptivo, Nerón abolió la mayoría de los edictos de Claudio y redujo los impuestos. Con frecuencia se celebraban juegos, conciertos, obras de teatro y carreras de cuadrigas, ya que al emperador le gustaba el entretenimiento. Restauró el poder y la importancia del Senado, no solo para reforzar su poder, sino también para poder desviarse de sus responsabilidades y dedicarse a sus intereses privados: cantar y tocar la lira. Se decía que cuando el emperador actuaba, no se permitía salir a ninguno de los espectadores, por malo que fuera.

Con el paso del tiempo, el emperador empezó a participar en cosas distintas a las actuaciones musicales. Cuando empezó a sentirse inquieto con su madre, que afirmaba ser la verdadera fuerza detrás del trono, Nerón se apresuró a planear su asesinato. Hubo dos intentos de asesinato, pero Agripina sobrevivió en cada ocasión. Sin embargo, el tercer intento fue un éxito; Agripina fue asesinada por su propio hijo. Su madre no fue la única víctima; Nerón también se ensució las manos matando a sus esposas y a su hijo nonato.

Más tarde, otra serie de acontecimientos hicieron que la vida de Nerón se volviera caótica. Un golpe de estado fallido, combinado con una revuelta fallida en Britania, llevaron al emperador a la paranoia, al igual que los emperadores que lo precedieron. La principal causa de la caída de Nerón fue el gran incendio de Roma, que arrasó el 70% de la ciudad. Mientras cientos de personas sucumbían al fuego, se quedaban sin hogar y se sumían en el caos, se decía que el emperador observaba desde la seguridad de su palacio mientras tocaba su lira. La culpa recayó sobre los cristianos.

El gran incendio de Roma, 64 d. C.
https://commons.wikimedia.org/wiki/File:Robert,_Hubert_-_Incendie_%C3%A0_Rome_-.jpg

Aunque Roma fue reconstruida poco después, Nerón había vaciado gravemente el tesoro. A la vista de los desastres que cayeron sobre la ciudad bajo su mandato, el Senado lo declaró enemigo público, lo que condujo a su suicidio a la madura edad de treinta años. Con la muerte de Nerón, los romanos salieron pletóricos de sus casas, celebrándolo. La muerte de Nerón marcó el fin de la dinastía Julio-Claudia.

Capítulo 2 - La Pax Romana

Muchos conocen o al menos han oído hablar de los principales dioses y diosas de la antigua Roma, entre los que se encontraban Júpiter, Neptuno, Minerva y Marte. Jano, en cambio, es una deidad romana bastante misteriosa debido a la falta de información conservada. Los historiadores han intentado descubrir los orígenes del dios, pero, por desgracia, solo han surgido más misterios e interrogantes. La representación de Jano en la moneda más antigua de Roma indica claramente que era uno de los dioses más antiguos del panteón romano. Se dice que el primer mes del año, enero, deriva del nombre del antiguo dios. Jano era invocado al comienzo de toda ceremonia religiosa, y la primera porción de un sacrificio debía dedicarse a él antes que a las demás. Sin embargo, solo se erigieron unos pocos santuarios y estatuas en su honor.

Parte de una escultura del dios bicéfalo Jano
Loudon dodd, CC BY-SA 3.0 <https://creativecommons.org/licenses/by-sa/3.0>, vía Wikimedia Commons: https://commons.wikimedia.org/wiki/File:Janus1.JPG

El único edificio conocido dedicado a la oscura deidad fue el Templo de Jano. Encargado por el segundo rey de Roma, Numa Pompilio, el templo, más exactamente clasificado como santuario, se erigía en el centro de la Ciudad Eterna. El santuario se construyó para albergar únicamente una estatua de bronce de Jano bicéfalo. Su característica más destacada eran las puertas dobles, a las que los romanos solían referirse como las Puertas de la Guerra. Las puertas se dejaban abiertas cuando Roma estaba asolada por continuas guerras y solo se cerraban si se alcanzaba la paz (algo poco frecuente, según el filósofo y biógrafo Plutarco, ya que la Ciudad Eterna estaba casi siempre en medio de violentas batallas y derramamientos de sangre debido a su constante expansión).

Aunque las razones para cerrar y abrir las puertas varían (algunas fuentes creen que dejarlas abiertas durante los conflictos activos permitía a la deidad vigilarlas), los historiadores y expertos están seguros de que solo se cerraron dos veces desde la fundación de Roma. Numa la cerró por primera vez al alcanzar la paz durante su reinado, seguido por el comandante romano Aulo Manlio Torcuato Ático tras obtener la victoria durante la primera guerra Púnica. Las puertas se abrieron cuando los galos invadieron el norte de Italia, y permanecerían abiertas durante cuatrocientos años, hasta la llegada de Augusto.

Antes de la llegada de Augusto, la República romana nunca había experimentado una paz duradera. La guerra rugía sin descanso, preocupando a su pueblo día y noche. Más tarde, estallaron una serie de interminables guerras civiles entre personajes influyentes que ansiaban el poder supremo. Mario, Sula, Cesar, Craso, Pompeyo y Marco Antonio fueron algunas de las figuras romanas más notables que deseaban hacerse con el poder sobre la ya caótica república. A estas alturas de la historia, cabe suponer que la paz estaba lejos del alcance de los romanos. Sin embargo, la llegada del hijo adoptivo del difunto dictador cambió las cosas. Por primera vez en cuatro siglos, la paz era posible.

A pesar de su juventud, Augusto quería continuar el legado de Julio Cesar. Al ver todas las amenazas y catástrofes que se cernían sobre la república, al futuro emperador no le quedó más remedio que introducir nuevas reformas políticas. No era una tarea sencilla; conseguir la paz y devolver a Roma su gloria llevaría sin duda mucho tiempo. El joven emperador también era consciente de que se había ganado un gran número de enemigos, pero estaba dispuesto a enfrentarse a cualquiera que osara interponerse en su camino, incluido Marco Antonio.

A pesar de tener que luchar contra una misteriosa enfermedad que a veces lo obligaba a permanecer en cama y lejos de las guerras en curso, Augusto consiguió demostrar sus excepcionales dotes y habilidades para el liderazgo, ganándose así el apoyo de muchos. Cuando Marco Antonio y su amada reina egipcia fueron demasiado lejos, Augusto dirigió su ejército contra ellos sin vacilar. La batalla pasó a la historia como uno de los acontecimientos más importantes del mundo antiguo, ya que no solo acabó con la vida de Marco Antonio y Cleopatra, sino que también marcó el fin de la República romana y el comienzo de una nueva era.

A su regreso a la Ciudad Eterna, Augusto ordenó cerrar las Puertas de Jano en el año 29 a. C. en señal de paz. La larga serie de disturbios y guerras civiles llegó por fin a su fin con la muerte de Marco Antonio, uno de los más grandes generales de Roma. Las multitudes vitorearon la entrada de Roma en su era dorada, conocida como la Pax Romana (la «paz romana»).

Por primera vez en la historia, la antigua Roma disfrutó de un periodo de relativa paz durante más de unas décadas. Se cree que la Pax Romana duró casi dos siglos, desde el reinado del primer emperador, Augusto, hasta la muerte de Marco Aurelio, el último de los «cinco buenos emperadores», en 180 d. C. Durante esta época, Roma estaba en su apogeo. El imperio experimentó una expansión territorial masiva junto con el rápido crecimiento de su población; solo bajo el reinado de Augusto, el imperio contaba con unos sesenta millones de habitantes.

Sin embargo, no todos estaban contentos con la repentina paz. Durante los primeros años de la Pax Romana, muchos romanos tuvieron problemas para adaptarse. Desde la fundación de Roma en el siglo VIII a. C., la ciudad siempre había estado ligada a la guerra, hasta el punto de que sus habitantes empezaron a verla como una forma de poder. La ausencia de batallas y conquistas constantes preocupaba a los romanos. Para ellos, la guerra era algo bueno; ganaban riqueza ganando guerras, y su reputación crecía cada vez que sus enemigos yacían muertos en el campo de batalla. Este fue uno de los muchos problemas con los que Augusto tuvo que lidiar en el momento en que aceptó la responsabilidad de dirigir al pueblo. En un esfuerzo por persuadir a su pueblo de que aceptara la Pax Romana con los brazos abiertos, el joven emperador ideó una serie de campañas de propaganda. Aseguró a los romanos que la paz era el mejor camino para alcanzar la prosperidad.

La Pax Romana era una paz relativa; el imperio no estaba totalmente libre de guerras y batallas. Para decirlo en palabras sencillas, la Pax Romana fue una época en la que los romanos apenas tuvieron que enfrentarse a escaramuzas internas. Su población, especialmente la que ostentaba el poder, ya no se enfrentaba entre sí, y las guerras civiles a gran escala eran cosa del pasado. Menos soldados quedaron estacionados en el corazón del imperio, enviándose la mayor parte de las legiones a lugares susceptibles de correr peligro, como la frontera imperial.

Las guerras y las fuerzas extranjeras en las fronteras del imperio siguieron existiendo durante la paz romana. La Pax Romana no significó que los romanos enfundaran completamente sus armas. Se siguieron lanzando misiones y campañas militares; Augusto incluso emprendió varias conquistas para capturar nuevas regiones en un esfuerzo por seguir expandiendo el imperio. Bajo su reinado, a las provincias capturadas se les permitía ejercer sus costumbres locales, tradiciones y prácticas religiosas siempre que no violaran la ley romana y siempre que optaran por cumplir con la fiscalidad y el control militar romanos. Augusto incluso vigilaba a los gobernadores provinciales corruptos; los que eran sorprendidos explotando su poder en beneficio propio eran castigados rápidamente.

Tal y como Augusto había prometido a su pueblo, la economía y el comercio del imperio se dispararon durante esta época de paz. El comercio a larga distancia floreció, especialmente cuando el Mediterráneo estuvo libre de amenazas. El emperador ordenó a la armada romana lanzar un ataque contra los piratas, haciendo el mar más seguro para que los comerciantes entraran y salieran de los puertos. Como los comerciantes y mercaderes romanos podían navegar más al este sin tener que temer por su seguridad, pudieron llevar de vuelta gemas preciosas y sedas exquisitas. Aparte de las joyas, los romanos, sobre todo los nobles y los ricos, eran muy aficionados a la seda; se cree que el emperador Heliogábalo, que gobernó en 218 d. C., se negaba a vestirse si no era con seda. Las actividades de exportación también experimentaron un auge durante este periodo de la historia, ya que los romanos podían encontrar más mercados para sus productos, que incluían vinos, textiles, cerámica, vidrio y otros materiales de construcción.

Con la estabilidad económica, el gobierno imperial pudo invertir en muchos grandes proyectos de construcción. Los romanos son conocidos por sus redes de carreteras, y Augusto encargó la expansión de los sistemas viarios por todo el imperio, lo que sin duda benefició el movimiento de las legiones. La información y el correo también podían llegar en menos tiempo. Al final del reinado del emperador Augusto, se habían construido más de ochenta kilómetros (cincuenta millas) de nuevas carreteras. Los emperadores que gobernaron durante la edad de oro también construyeron puentes, puertos y acueductos.

Aparte de la arquitectura y la economía, la Pax Romana fue testigo del nacimiento de muchos poetas y escritores romanos. Horacio, Virgilio, Tibulo y Ovidio son algunos de los escritores romanos más memorables que prosperaron durante esta época. A pesar de ser famoso por sus excepcionales obras poéticas, este último fue condenado al exilio por Augusto debido a la producción de poesía erótica y opiniones sobre la vida privada y el matrimonio del emperador. Sin embargo, el poeta no dejó de escribir ni siquiera después de su destierro; escribió dos poemarios más que narraban las historias de su tristeza y desolación. Exiliado de por vida, Ovidio murió en 17 d. C., pero su influencia en la poesía ha perdurado; Shakespeare es uno de los muchos autores modernos que se han visto influidos por el poeta exiliado.

Ovidio desterrado de Roma
https://commons.wikimedia.org/wiki/File:Turner_Ovid_Banished_from_Rome.jpg

«Encontré Roma de ladrillos; les dejo una de mármol».

Estas fueron las palabras de Augusto Cesar durante los últimos años de su vida. Roma estaba en ruinas cuando pasó a sus manos, pero el emperador consiguió devolverle su gloria. Incluso se podría decir que la convirtió en uno de los imperios más prósperos de todos los tiempos. De una república desintegrada en la que no había más que una serie de guerras civiles, Roma se transformó en un imperio que se extendía hasta Britania y Egipto. La muerte del primer emperador de Roma causó conmoción, ya que surgieron varios problemas durante los reinados de los siguientes emperadores. Sin embargo, la Pax Romana no se rompió y la Ciudad Eterna siguió viviendo en relativa paz.

Durante el reinado de Nerón, los romanos empezaron a presentir que se avecinaba otra catástrofe. Tras el final de la dinastía Julio-Claudia, la ciudad se enfrentó a algunos asuntos acuciantes que pusieron una grieta en la Paz Romana, pero la era de los cinco buenos emperadores logró revertir los daños e hizo que el imperio prosperara de nuevo. La paz en la Ciudad Eterna se prolongó durante algunas décadas más antes de que finalmente se resquebrajara y se desmoronara en 180 d. C.

Capítulo 3 - Los cinco buenos emperadores

El último emperador de la dinastía Julio-Claudia, Nerón, contribuyó a los muchos problemas acuciantes que se habían apoderado del Imperio romano. Su muerte fue celebrada no solo por el Senado, sino también por los sufridos plebeyos de diferentes clases sociales. Con el trono ya vacío, el imperio se puso bajo el cuidado de un emperador que fundó toda una nueva dinastía. Fue conocida como la dinastía Flavia, y constaba de solo tres emperadores: Vespasiano, Tito y Domiciano.

El más popular de los tres fue Domiciano. Al principio de su reinado, el emperador mostró un gran potencial para sacar al imperio de sus problemas. No ignoró el bienestar de su pueblo y reconstruyó la ciudad, que había quedado destruida tras el gran incendio. A diferencia de su hermano Tito, Domiciano no era conocido por sus habilidades militares, pero encabezó algunas campañas exitosas durante su reinado. Por desgracia, al igual que muchos de los grandes emperadores de Roma, Domiciano sucumbió a una paranoia extrema. En el año 96, el emperador fue brutalmente asesinado a manos de un grupo de conspiradores. En lugar de llorar la pérdida de su emperador, el Senado se alegró enormemente. Una vez más, Roma estaba libre de las garras de otro líder loco y paranoico. Sin perder tiempo, anunciaron un nuevo emperador al trono. Se llamaba Nerva y fue el primero de los «cinco buenos emperadores» de Roma.

Nerva (r. 96-98 d. C.)

El nuevo emperador era bastante mayor cuando fue puesto al frente del vasto imperio; tenía casi sesenta y seis años. Nadie habría esperado que Nerva tomara el manto; no era muy popular entre los romanos. Aunque había pasado la mayor parte de su vida sirviendo al imperio durante los reinados de las dinastías Julio-Claudia y Flavia, cosechando grandes éxitos, Nerva nunca llegó a destacar. El Senado ni siquiera planeaba otorgarle el poder de forma permanente; solo fue aclamado como emperador para cubrir la vacante hasta que el Senado pudiera decidirse por alguien con mayor influencia y potencial.

Tras años sirviendo al imperio entre bastidores, Nerva empezó a brillar y acabó ganándose un lugar entre el público tras expresar su promesa de devolver la libertad a los romanos. Puso fin a los juicios por traición que habían acobardado a los romanos, devolvió a los senadores las propiedades confiscadas por Domiciano, colmó al pueblo con generosos regalos y redujo los impuestos. Se ganó el apoyo de muchos, pero su generosidad también agotó las arcas imperiales hasta el punto de que el imperio estuvo casi al borde de la bancarrota.

Otro reto al que tuvo que enfrentarse Nerva fue la ira de los militares, ya que los soldados y oficiales preferían a su predecesor. Al enterarse de que Nerva no tenía planes de procesar a los conspiradores que acabaron con la vida de Domiciano, la Guardia Pretoriana lanzó un asedio al palacio imperial y exigió que los asesinos rindieran cuentas. En lugar de acceder a la violenta petición, Nerva ofreció su propio cuello para que se lo cortaran, una acción completamente ignorada por la Guardia Pretoriana, que prefirió perdonar al emperador y masacrar a los conspiradores.

Tras el asedio, Nerva quedó conmocionado hasta el alma, e incluso llegó a pensar en abandonar el trono. Era consciente de que su autoridad empezaba a declinar, sobre todo sin el apoyo de los militares. Sabiendo que podía perder la vida ante cualquiera de los que lo rodeaban, el emperador empezó a pensar en un posible heredero para que lo sucediera.

Como no tenía hijos propios —algunos dicen que ni siquiera se casó nunca—, Nerva adoptó como hijo al gobernador de la Alta Alemania, Marco Ulpio Trajano. En enero del 98 d. C., un día después de que Nerva muriera por causas naturales, su hijo adoptivo se alzó como el siguiente emperador de la dinastía Nerva-Antonino.

Trajano (r. 98-117 d. C.)

Marco Ulpio Trajano fue el segundo emperador de Roma que no nació en Italia, sino en Hispania. Tras recibir la noticia de que su padre adoptivo había fallecido y que el manto pasaría a sus manos, Trajano no regresó inmediatamente a Roma. En lugar de ello, permaneció con sus legiones en Germania por si los bárbaros la invadían. No fue hasta principios del año 99 d. C. cuando regresó a Roma y participó en la ceremonia oficial que lo declaró emperador.

Busto de Trajano.
https://commons.wikimedia.org/wiki/File:Traianus_Glyptothek_Munich_72.jpg

Conocido ahora con el nombre de Trajano, el emperador recibió una calurosa bienvenida de casi todos en Roma, especialmente de los militares, dada su gran influencia en el campo de batalla. Algunos podrían incluso afirmar que Trajano fue uno de los pocos emperadores que imitó el gobierno del gran Augusto Cesar. Repartió generosos regalos al pueblo, independientemente de su estatus, y patrocinó múltiples juegos públicos para mantener entretenidos a los ciudadanos. Sin embargo, no gastó demasiado en el ejército. De hecho, solo les dio la mitad de lo que les habían dado los emperadores anteriores a él. Dado que Trajano ya gozaba del favor del ejército debido a su largo servicio como oficial militar antes de subir al trono, no recibió reacciones negativas por su decisión de reducir sus pagos. Trajano mantuvo una buena relación con el Senado, otorgándole cierta autoridad sobre el imperio, aunque su poder seguía considerándose supremo.

Incluso antes de tomar las riendas, Trajano había deseado expandir el imperio. Así que, cuando por fin tuvo la oportunidad de gobernar, el emperador decidió cumplir su ambición lanzando dos guerras contra Dacia (las actuales Rumanía y Moldavia). La paz entre Dacia y Roma la consiguió Domiciano, que había aceptado pagar tributo al rey de Dacia, Decébalo. Trajano, sin embargo, estaba totalmente en contra de este tratado. Tras las dos guerras, la capital de Dacia fue destruida. A pesar de sus esfuerzos por defender su reino, Decébalo se suicidó. Con la victoria, el imperio se expandió. Dacia se convirtió en provincia romana, proporcionando a los romanos valiosos suministros de oro y metal, que utilizaron para acuñar monedas.

Trajano también supervisó la construcción de un largo puente que cruzaba el Danubio y se adentraba en Dacia, lo que facilitó el acceso de su ejército. El puente de piedra maciza no fue el único gran proyecto de construcción emprendido durante su reinado. Tras obtener recursos de Dacia, el emperador encargó la construcción de diversas estructuras, calzadas y carreteras en Roma y sus ciudades circundantes. La *alimenta*, un programa asistencial fundado por Nerva para ayudar a los huérfanos y niños pobres del imperio, también fue llevado a cabo por Trajano.

En 113, Trajano demostró una vez más su poderío al planear la conquista de Partia. Tras reunir a los soldados más fuertes, Trajano los desplegó para invadir Partia, que se encontraba en plena guerra civil. Consiguió hacerse con Mesopotamia en 117, pero su objetivo de conquistar Partia fracasó. Ese mismo año, el emperador de sesenta y tres años cayó terriblemente enfermo mientras defendía las fronteras del imperio y murió.

Adriano (r. 117-138 d. C.)

El tercer emperador de la dinastía Nerva-Antonino fue Publio Aelio Adriano. Más conocido como Adriano, fue un notable oficial militar que comenzó a ascender en el 91 d. C. Sirvió como tribuno durante el reinado del emperador Nerva y fue elegido para viajar a la Galia a finales del 97 d. C. para transmitir la noticia de la adopción de Trajano y su posible ascenso al trono.

El ascenso al trono de Adriano, al igual que el de su predecesor, fue bien recibido por los romanos. La opinión pública lo consideraba un líder carismático, honesto y pacífico.

A pesar de su larga experiencia militar, Adriano no era partidario de las conquistas, sino de consolidar las defensas del imperio. Puso fin a la campaña de Trajano en Partia y planeó negociaciones de paz. Para lograr la paz, los romanos se retiraron de Armenia, dejándola como estado neutral. Aunque esta decisión no fue del agrado de muchos, especialmente de aquellos que habían servido lealmente a Trajano, salvó al imperio de mayores daños y lo hizo aún más fuerte que antes.

Imagen: Los restos de la Muralla de Adriano
https://commons.wikimedia.org/wiki/File:Milecastle_39_on_Hadrian%27s_Wall.jpg

Adriano creía que el imperio había alcanzado su máxima extensión y que lo más crucial era centrarse en la seguridad de sus fronteras. Deseaba la estabilidad y prosperidad del imperio. Así que, en lugar de quedarse en Roma y planear estrategia tras estrategia para una nueva conquista, Adriano optó por abandonar el palacio imperial y viajar por las provincias para supervisar la administración provincial. Se dice que en el año 133 el emperador había visitado todas y cada una de las provincias del imperio y reconoció dónde necesitaba eliminar la corrupción. También encargó múltiples proyectos de construcción. Su mayor contribución fue el gran Muro de Adriano en Britania, construido con fines defensivos. Bajo su mandato también se reforzaron las fronteras cercanas a Alemania.

Adriano fue también un hombre de cultura. Durante sus viajes por las provincias, promovió la importancia de la cultura entre su pueblo. Algunas fuentes afirman que el emperador era aficionado a Grecia y que visitó la provincia más de una vez durante su reinado. A diferencia de otros emperadores romanos, que preferían llevar la cara bien afeitada, Adriano lucía una barba al estilo griego. Adriano patrocinó muchos concursos de poesía en Roma y fue conocido por fundar la ciudad de Antinoópolis a orillas del Nilo en honor a su difunto amante, Antinoo. Aunque Adriano afirmaba que la muerte de Antinoo había sido accidental (se había ahogado en el Nilo-, otros eruditos, entre ellos Casio Dio, creían que el joven había realizado una ceremonia de sacrificio para curar la misteriosa enfermedad de Adriano.

El dolor de Adriano no le impidió dirigir el imperio. A medida que pasaba el tiempo se volvía más irascible, pero pronto proyectó su ira sobre los judíos que habían iniciado una revuelta en Judea. Su solución a la revuelta fue aniquilar a los judíos de la región. Un millar de ciudades y aldeas fueron incendiadas en el proceso, y cerca de sesenta mil judíos fueron masacrados, mientras que otros fueron desterrados. Posteriormente, Adriano rebautizó Judea como Siria Palestina y la convirtió en una ciudad romana, suprimiendo aún más las creencias judías.

Durante sus últimos años, Adriano permaneció en su lujosa villa lejos de Roma. Pasó la mayor parte del tiempo escribiendo poesía mientras supervisaba la administración del imperio. Su salud empeoró y en 138 Adriano murió de un ataque al corazón.

Antonino Pío (r. 138-161 d. C.)

Sin hijos propios, Adriano recurrió a la adopción. Al principio se fijó en el cónsul Lucio Ceyonio Cómodo, pero las cosas se complicaron en cuanto Lucio fue nombrado gobernador y enviado a Panonia. Sufrió tuberculosis y murió en enero de 138. Así, Adriano se vio obligado a buscar otro heredero. Esta vez, puso sus ojos en Marco Aurelio. De alguna manera podía ver las capacidades de Aurelio, pero por desgracia, solo tenía dieciséis años en ese momento, siendo demasiado joven para ostentar tal poder sobre el imperio. Sin tiempo para más, Adriano, que ya estaba en su lecho de muerte, anunció finalmente a Antonino Pío, su consejero de mayor confianza, como su sucesor.

Muchos pensaban que Antonino gobernaría por poco tiempo, al menos hasta que Aurelio alcanzara una edad apta para gobernar, sobre todo después de que aceptara adoptar como sucesores tanto a Marco Aurelio como a Lucio Vero. Además, ya estaba llegando a la edad de cincuenta años, por lo que la mayoría pensó que no pasaría demasiado tiempo antes de que pasara el trono a sus hijos adoptivos. Para sorpresa de todos, el emperador vivió una larga vida. Aunque Antonino no era tan popular como su predecesor, los romanos empezaron a mostrarle su apoyo cuando vieron su inesperada eficacia y empuje.

El emperador Antonino con su atuendo militar
Jean-Pol GRANDMONT, CC BY-SA 3.0 <https://creativecommons.org/licenses/by-sa/3.0>, vía Wikimedia Commons: https://commons.wikimedia.org/wiki/File:0_Antoninus_Pius_-_Museo_Chiaramonti_(Vatican).JPG

El nuevo emperador tomó las riendas cuando el imperio estaba en su apogeo. La economía florecía. No había disturbios políticos ni guerras civiles. Las fronteras estaban bien protegidas y las hambrunas eran cosa del pasado. Se había alcanzado la libertad, y la gente de todas las clases vivía sin miedo. Para asegurarse de que su posición nunca fuera cuestionada, Antonino mantuvo su relación con casi todo el mundo, ya fuera el Senado, los militares, los nobles e incluso los plebeyos. Incluso promulgó leyes que protegían los derechos de los esclavos y aumentaban las posibilidades de que obtuvieran la libertad.

Continuando con el legado de Adriano, Antonino se centró en mejorar las infraestructuras de Roma. Emitió órdenes para completar los numerosos proyectos de construcción de Adriano, aunque él también tenía sus propios proyectos. El Templo del deificado Adriano y el Templo de la deificada Faustina fueron algunas de las impresionantes estructuras encargadas por Antonino. El Coliseo también fue restaurado durante su mandato. Siguiendo los pasos de Adriano, el emperador ordenó la construcción de la Muralla Antonina, que tardó casi doce años en completarse.

Antonino fue descrito como un emperador ecuánime. El imperio estaba realmente en paz, ya que apenas hubo guerras y conflictos durante el reinado de Antonino. Tras gobernar durante más de veinte años, el emperador falleció a la edad de setenta y cuatro años a causa de unas fiebres. Sus restos fueron depositados en el Mausoleo de Adriano, junto a su amada esposa y sus hijos.

Marco Aurelio (r. 161-180 d. C.)

Se dice que Antonino Pío preparó adecuadamente a Marco Aurelio para que se convirtiera en su sucesor. Así, cuando el padre adoptivo de Marco Aurelio falleció en 161, fue aclamado como nuevo emperador, tal y como Adriano pretendía unas décadas antes. Sin embargo, Aurelio, ahora con cuarenta años, tuvo que compartir su poder con Lucio Vero, a quien el Senado había anunciado como su coemperador; era la primera vez que Roma reconocía a dos emperadores gobernantes al mismo tiempo. Pero como Marco era mayor que su hermano adoptivo, tenía más poder.

Cuando ambos ascendieron al poder, empezaron a surgir problemas en todo el imperio. Los partos decidieron invadir Armenia en cuanto supieron de la muerte de Antonino. Al mismo tiempo, el imperio se enfrentaba a posibles amenazas por parte de los habitantes de lo que hoy es Gran Bretaña y Alemania, tras décadas de paz. Desde joven, Marco había sido preparado para ser un líder eficiente; sin embargo, nunca tuvo experiencia militar. Era más aficionado a la filosofía; sus escritos llamados *Meditaciones* aún pueden leerse hoy en día.

No obstante, se dedicó a los estudios militares para prepararse para las amenazas que se avecinaban. Lucio debía apaciguar la guerra en curso con los partos, pero en lugar de ello permaneció tras las murallas de la ciudad, lo que finalmente llevó la campaña a un punto muerto. Gracias a su subordinado, Avidio Casio, Roma salió finalmente victoriosa.

En 166, Marco tuvo que poner en práctica todo lo aprendido en sus estudios militares en el campo de batalla cuando se enfrentó a múltiples tribus germánicas que lograron atravesar las fronteras romanas y destruir varias aldeas. Aunque sus incursiones fueron devastadoras, el ejército romano logró detener su avance. La guerra y las invasiones no fueron los peores acontecimientos ocurridos durante el reinado de Marco, ya que la peste Antonina aterrorizó al imperio. Millones de personas murieron en esta catástrofe, entre ellas Lucio Vero.

Convertido en el único emperador de Roma, Marco Aurelio puso todo su empeño en que el imperio volviera a florecer. Algunos llegaron a afirmar que el emperador siempre antepuso las necesidades de su pueblo a cualquier otra cosa. A pesar de que no le gustaba la vida militar, siguió defendiendo el imperio frente a las amenazas. Estuvo a punto de poner fin a la continua guerra con las tribus germánicas, pero en 180, Marco Aurelio pereció en sus cuarteles militares por causas desconocidas.

Su muerte marcó el final de la era de los cinco buenos emperadores. Aunque los cinco emperadores de la dinastía Nerva-Antonina habían restaurado una gran estabilidad y paz, Roma se vio obligada a enfrentarse a muchas guerras y disturbios políticos en las décadas siguientes.

Capítulo 4 - La crisis del siglo III

Los romanos supieron que los días de los cinco buenos emperadores habían pasado cuando recibieron la noticia de la devastadora muerte de Marco Aurelio, de cincuenta y ocho años. La Ciudad Eterna quedó en manos de Cómodo, que ya había servido al imperio como emperador junto a Aurelio. A pesar de ser el único hijo del gran Marco Aurelio, Cómodo no era el favorito de sus súbditos. Había sufrido muchos intentos de asesinato, y cuando su socio sucumbió a uno de los complots asesinos, Cómodo se volvió paranoico. Muchos perecieron debido a sus sospechas —incluso tenía una lista de los que ejecutaría a continuación—, pero en 192, Cómodo fue asesinado con éxito, estrangulado por un luchador contratado por los conspiradores.

Cómodo estrangulado por el luchador romano Narciso
https://commons.wikimedia.org/wiki/File:Commodus_is_strangled_by_Narcissus.png

30

La muerte de Cómodo no resolvió el malestar político en el imperio. En 193, Roma se sumió de nuevo en un periodo de guerra civil cuando cinco gobernantes lucharon por una oportunidad de ser coronado como el próximo Cesar. El paranoico Cómodo fue sucedido por Pertinax, que presentaba cualidades mucho mejores que su predecesor. Sin embargo, sus desavenencias con la Guardia Pretoriana lo llevaron a la muerte ochenta y seis días después de su ascensión. Posteriormente, tres hombres más se turnaron para reclamar el trono antes de que Septimio Severo tomara finalmente el manto y pusiera fin al año de los cinco emperadores. Con Severo como emperador, nació otra dinastía: la dinastía Severa, que gobernaría el imperio durante más de cuarenta y dos años y vio el comienzo de la crisis del siglo III.

Tomando ejemplo de Pertinax, a quien la Guardia Pretoriana asesinó tras negarse a llegar a un acuerdo con ellos, Severo aplacó la posible desobediencia de los militares concediéndoles un aumento de sueldo. A cada soldado se le pagaban al menos quinientos denarios, lo que suponía un importante aumento respecto a su salario anterior de trescientos denarios anuales. Esta decisión no supuso ningún problema hasta que el imperio se amplió aún más; Severo lanzó con éxito una campaña en África y Britania. Se necesitaban más fuerzas armadas para defender las fronteras de las invasiones extranjeras, lo que significaba que debían hacerse más pagos para asegurar su servicio. Para frenar el problema, Severo degradó la moneda disminuyendo el porcentaje de plata en la acuñación, un método que fue practicado por futuros emperadores y que prolongó la crisis económica.

Aunque el cumplimiento de las exigencias militares contribuyó a mantener a Severo en el poder, su dependencia de la lealtad de los soldados resultó ser un juego peligroso. El papel de los militares se multiplicó por diez y sacudió no solo al Senado, sino también la posición suprema del emperador.

En 231, el Imperio sasánida, liderado por Ardacher I, invadió las provincias romanas del este tras haber derrotado con éxito unos años antes a la ya debilitada Partia. Esta amenaza dejó a Severo Alejandro, el último emperador de la dinastía de los Severos, sin otra opción que planear una represalia. Hay algunos relatos contradictorios que cuentan la historia de la batalla, pero muchos sugieren que, a pesar de sufrir numerosas bajas y terribles reveses, las fronteras del Imperio romano quedaron aseguradas y se detuvo la conquista de Ardacher. Sin embargo, Severo Alejandro empezaba a perder el apoyo de sus tropas, especialmente durante la invasión de las tribus germánicas en 235.

Algunos afirmaban que Severo Alejandro era solo una marioneta mientras que su madre, Julia Mamaea, era el verdadero poder. En lugar de combatir a los invasores en el campo de batalla, Severo Alejandro cometió un error fatal al seguir los consejos de su madre. Julia le había aconsejado comprar la paz, una acción considerada inaceptable y muy deshonrosa para sus legiones. Severo Alejandro y su madre fueron asesinados por sus comandantes, marcando el inicio de la crisis del Siglo III, un periodo de cincuenta años en el que el Imperio romano estuvo a punto de colapsar.

La crisis económica siguió siendo una de las mayores preocupaciones del imperio, y los militares se convirtieron en la verdadera fuente de poder tras el asesinato de Severo Alejandro. El Imperio romano fue testigo de la sucesión de más de veinticinco emperadores cuartelarios a lo largo de casi cinco décadas. En lugar de ascender al trono a través de las tradicionales adopciones por parte de emperadores anteriores o de sus nombres escritos en testamentos, estos emperadores de cuartel eran elegidos en función de su popularidad dentro de una tropa militar. Maximino el Tracio, que era el comandante de una legión levantada por Severo Alejandro, fue elegido como el siguiente emperador, aunque sería asesinado por sus propias tropas tres años más tarde tras fracasar en su intento de demostrar que era un líder eficaz en medio de las constantes guerras, el malestar económico y la hambruna.

El imperio también se encontraba en medio de una serie de invasiones de enemigos extranjeros. Las provincias situadas a lo largo de las fronteras entre el Rin y el Danubio se enfrentaban a fuertes amenazas impuestas por las tribus germánicas: los godos, los vándalos y los alemanes. El Imperio sasánida, dirigido ahora por Sapor I, hijo de Ardacher, se vio superado por las tribus germánicas y se propuso aprovechar la debilidad del Imperio romano para controlar el Levante en el este. En 252, Sapor I se hizo con el poder en Nisibis y al año siguiente se apoderó de Antioquía tras derrotar al ejército romano.

Con la frontera oriental en ruinas, el emperador cuartelario Valeriano dejó a su hijo y coemperador, Galieno, el control del oeste mientras marchaba contra el despiadado Imperio sasánida. Al frente de sus tropas, Valeriano llegó a Asia Menor en 259, pero se vio inmerso en otra batalla cuando se encontró cara a cara con las tribus godas que estaban invadiendo la región. Poco se sabe de la batalla, pero los historiadores sugieren que el emperador consiguió continuar su marcha contra Sapor I. Los setenta mil hombres de Valeriano pronto chocaron espadas con los cuarenta mil hombres de Sapor en Edesa. El emperador romano fue completamente derrotado y hecho prisionero; Valeriano fue el primer emperador romano en ser capturado y encarcelado por un enemigo. Murió al año siguiente.

Los ataques extranjeros no eran el único asunto acuciante que aterrorizaba al imperio. Cuando Galieno se alzó como el siguiente emperador tras la muerte de su padre, estalló una rebelión, aunque consiguió extinguirla en 260. Otro obstáculo surgió cuando las tribus germánicas invadieron el norte de Italia. Con solo 60.000 soldados a sus órdenes, el emperador derrotó con éxito a los 300.000 bárbaros; se decía que la victoria se logró gracias a sus excepcionales tropas de caballería. A pesar del triunfo, el emperador se vio obligado a enfrentarse a una nueva rebelión. Al mismo tiempo, Póstumo, un respetado administrador que había defendido Germania de varias invasiones, declaró su independencia. Siguiendo el modelo del gobierno central del Imperio romano, formó el Imperio galo, compuesto por la Galia, Britania y, finalmente, Hispania.

Las provincias orientales del Imperio romano fueron aseguradas por Septimio Odenato, un aristócrata de la colonia romana de Palmira. En 260 atacó al ejército de Sapor y salió victorioso. Las fuerzas extranjeras se vieron obligadas a retroceder hasta su capital y, en 263, las tierras que habían perdido a manos del Imperio sasánida fueron devueltas a los romanos. Galieno apreció el notable éxito de Odenato a la hora de asegurar las fronteras orientales y le concedió el título *de corrector totius Orientis* o gobernador de todo el este. Odenato prefirió otro título: «rey de reyes». Sin dejar de ser un leal vasallo romano, Odenato siguió expulsando a los invasores extranjeros que se atrevían a poner el pie en las provincias orientales. Sin embargo, así fue hasta finales del año 267 d. C., cuando él y su hijo fueron misteriosamente asesinados. Su viuda pronto tomó el control y se convirtió en regente de su hijo menor de edad.

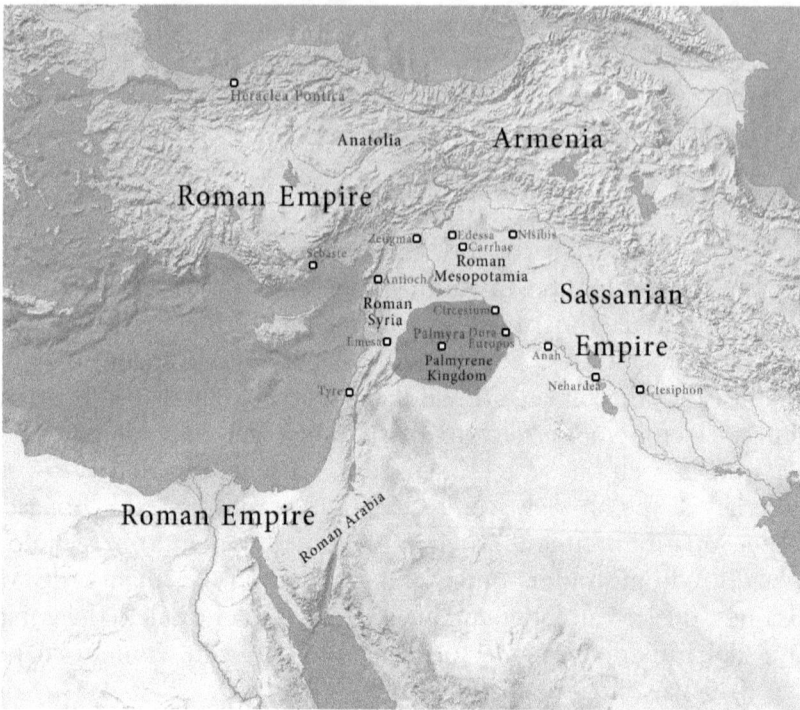

Regiones bajo la autoridad de Odenato de Palmira

En 265, Galieno centró su atención en Póstumo y su recién formado Imperio galo. Aunque las fuentes afirmaban que Póstumo nunca tuvo intención de invadir el Imperio romano, Galieno estaba dispuesto a enfrentarse a él y reclamar las provincias. La batalla llegó a su punto álgido cuando Galieno sitió una ciudad sin nombre del Imperio galo. Sin embargo, la suerte se le echó encima al emperador, ya que fue atravesado por una flecha, lo que lo obligó a abandonar la batalla en curso. El Imperio galo permaneció independiente. Galieno consiguió curarse de su grave herida, pero fue asesinado tres años más tarde.

El trono pasó a manos de Claudio II, que también tenía sus ojos puestos en el Imperio Galo. Cuando se disponía a marchar sobre el imperio de Póstumo, el emperador se vio obligado a cambiar sus planes tras recibir noticias de una invasión de los godos en la actual Serbia. Los romanos se apresuraron a librar una batalla contra los invasores cerca de Naissus, en 269. Incluso con las excepcionales unidades de caballería dirigidas por el futuro emperador Aureliano, la feroz batalla infligió bajas extremas a ambos bandos. Finalmente, los romanos ganaron la batalla tras engañar con éxito a los godos en una brutal emboscada. Tras la devastadora batalla, los godos perdieron al menos cincuenta mil vidas. Claudio II pasó a ser conocido como el «conquistador de los godos».

Ese mismo año, Roma se vio amenazada por un nuevo intento de invasión, esta vez por parte de los germanos en el lago de Benaco. Al igual que en la batalla anterior, los romanos lograron dominarlos y expulsarlos del imperio. Tiempo después, Claudio II recibió una noticia que probablemente lo tranquilizó. El fundador del Imperio galo, Póstumo, había sido asesinado. Sintiendo la oportunidad de apoderarse de las provincias galas, Claudio trasladó rápidamente sus tropas a Hispania. El emperador se mostró muy prometedor como líder, pero tras su éxito en la reconquista de Hispania, perdió la vida a causa de la peste de Cipriano.

Mientras el difunto Claudio II se jugaba la vida para recuperar las provincias galas y defender el Imperio romano de nuevas invasiones, Zenobia, regente y reina de Palmira en Oriente, intentaba consolidar su autoridad. Cuando le llegó la noticia de la repentina muerte de Claudio, aprovechó la oportunidad para proclamar emperador a su hijo Vabalato. Gracias a los esfuerzos de Zenobia, nació el Imperio de Palmira. En 271, Egipto y la mayoría de las regiones de Anatolia central y oriental habían sido absorbidas por el imperio. La razón de esta independencia es incierta; algunos afirman que Zenobia se estaba volviendo menos confiada con la protección romana, mientras que otros sugieren que simplemente pretendía reforzar el dominio de Palmira.

De vuelta a Occidente, el trono imperial pasó a Aureliano, un soldado curtido en mil batallas que pronto fue conocido como el emperador que reunificó el Imperio romano. El nuevo emperador tomó las riendas cuando Roma estaba envuelta en múltiples amenazas de tribus extranjeras e imperios independientes. Era muy consciente de que tenía que asegurarse la lealtad de los militares antes de poder marchar al campo de batalla y exterminar a los despiadados bárbaros. Al hacerse con el control de la acuñación imperial en la actual Croacia, Aureliano consiguió suficientes monedas de oro para distribuir entre su ejército. Con su lealtad firmemente en sus manos, Aureliano pudo comenzar sus batallas.

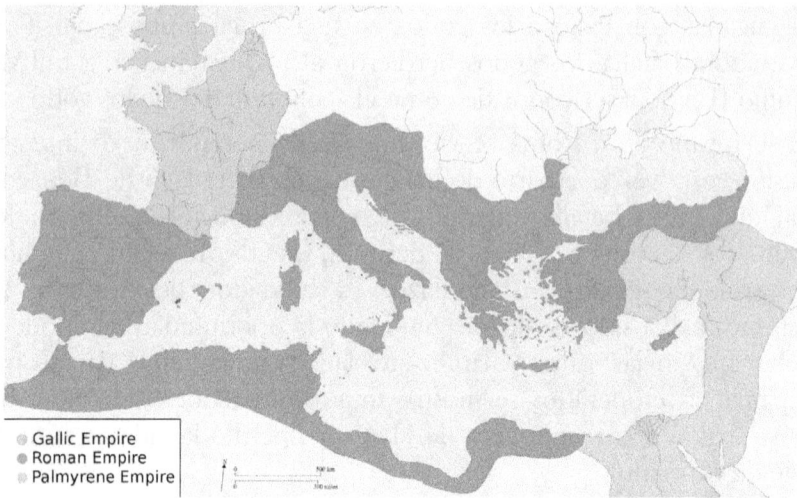

El Imperio romano antes de las campañas de reconquista de los imperios palmirio y galo por Aureliano

Blank map of South Europe and North Africa.svg: historicair 23:27, 8 de agosto de 2007 (UTC), CC BY-SA 2.5 <https://creativecommons.org/licenses/by-sa/2.5>, vía Wikimedia Commons: https://commons.wikimedia.org/wiki/File:Map_of_Ancient_Rome_271_AD.svg

Sin perder una sola oportunidad, el emperador destruyó a los vándalos que habían estado invadiendo el norte de Italia. También dirigió a sus legiones para hacer frente a los jutungos, que ya planeaban abandonar Italia con su preciado botín. Sin embargo, Aureliano logró interceptar a la tribu, lo que condujo a una batalla en el río Metauro. Aureliano y sus tropas salieron victoriosos; sin embargo, surgió otro asunto preocupante que requería su atención inmediata.

Roma se vio sumida en una crisis de cereales cuando el Imperio de Palmira reclamó Egipto. Con el objetivo de poner fin a la creciente influencia de Zenobia, Aureliano viajó a Oriente en 272. El emperador encontró poca resistencia, ya que la mayoría de las ciudades del Imperio de Palmira decidieron abrirle sus puertas cuando ofreció clemencia. Esta estrategia pacífica no duró mucho, ya que no le quedó más remedio que entablar una batalla militar con las fuerzas de Zenobia. En menos de un año, el emperador salió victorioso. Zenobia y su hijo intentaron escapar, pero fueron capturados y paseados por las calles de Roma en un triunfo celebrado por Aureliano. Con la caída del Imperio de Palmira de Zenobia, Roma pudo asegurar de nuevo las provincias orientales.

La única parte del Imperio romano que le quedaba por reconquistar a Aureliano era Britania y la Galia, ambas todavía bajo el Imperio galo. Deseoso de evitar más derramamientos de sangre, el emperador recurrió a la diplomacia, intento que fracasó. Se vio obligado a lanzar un ataque contra el imperio. La batalla de Châlons tuvo lugar en 274 y fue ganada por las fuerzas de Aureliano. Las fuentes afirman que Aureliano perdió seis mil hombres, mientras que Tétrico I, emperador del Imperio galo en aquel momento, perdió cerca de cincuenta mil. Tras trece años de independencia, el Imperio galo se derrumbó y sus provincias fueron devueltas a los romanos.

A pesar del éxito de Aureliano en la restauración del imperio, no puso fin a la crisis del siglo III, aunque puso en marcha los acontecimientos que condujeron a su fin. Tras la muerte de Aureliano, otros seis emperadores subieron al trono y continuaron ayudando al imperio a resolver la crisis en curso. No fue hasta el reinado de Diocleciano cuando Roma empezó por fin a ver la luz al final del túnel. Aunque el reinado de Diocleciano estuvo lleno de guerras y violencia, el emperador devolvió la gloria al Imperio romano y puso fin a los cincuenta años de agitación de Roma con sus estrategias y reformas cuidadosamente planificadas.

Capítulo 5 - De la tetrarquía a la caída de Occidente

Corría el año 285 d. C. y el pueblo de Roma se había reunido para celebrar el regreso de Diocleciano, su emperador, que acababa de salir victorioso de la batalla del Margus. Algunos podrían haber supuesto que Diocleciano no era diferente de cualquier otro emperador anterior a él y que era casi imposible que el imperio se levantara después de sufrir una crisis de cincuenta años. Después de todo, Diocleciano procedía de un entorno más bien humilde, a pesar de tener una vasta experiencia en el ejército. Sin embargo, su inteligencia y sus reformas acabaron por sacar a Roma de su miseria.

Desde el punto de vista de Diocleciano, el imperio le parecía demasiado grande. Un solo hombre no podía supervisar todos los asuntos. Dos hombres debían estar a cargo para asegurar que el imperio estuviera en su mejor momento. Por lo tanto, Diocleciano decidió llamar a su amigo cercano que había conocido desde sus días en el ejército. Su nombre era Maximiano. Diocleciano lo nombró su coemperador, otorgándole el título de Cesar. Poco después, le dio el título romano más honorable: Augusto. Con dos emperadores en el trono, Diocleciano dividió el imperio en dos: Oriente y Occidente. Mientras que Diocleciano eligió supervisar los asuntos de Oriente, Maximiano se encargó de gobernar Occidente. Nicomedia (una antigua ciudad situada en la actual Turquía) se convirtió en la capital del Imperio romano de Oriente. Maximiano eligió la ciudad de Milán como capital del Imperio romano de Occidente.

Diocleciano comenzó a asegurar Oriente frente a futuras amenazas, sin encontrar apenas obstáculos. Firmó la paz con los persas y se aseguró alianzas con las tribus árabes que en su día habían actuado contra el imperio. Sin embargo, Maximiano se enfrentó a una situación diferente. Un emperador autoproclamado en Britania amenazaba su posición. Se esforzó en eliminar la amenaza lanzando un ataque contra Britania, que resultó difícil, especialmente cuando las tribus germánicas invadieron las provincias occidentales. Diocleciano pronto viajó a Occidente, y los dos emperadores unieron sus fuerzas para hacer retroceder a los bárbaros y acabar con las demás amenazas.

Mapa del Imperio romano bajo la Tetrarquía
Coppermine Photo Gallery, CC BY-SA 3.0 <http://creativecommons.org/licenses/by-sa/3.0/>, vía Wikimedia Commons: https://commons.wikimedia.org/wiki/File:Tetrarchy_map3.jpg

Tras presenciar múltiples invasiones y otros problemas, los emperadores llegaron a la conclusión de que necesitaban más ayuda. Diocleciano les sugirió que nombraran un emperador cada uno que gobernara bajo su supervisión. Diocleciano eligió a un hombre llamado Galerio, mientras que Maximiano nombró a Constancio; ambos eran los prefectos de su guardia pretoriana. Los dos hombres recibieron el título de Cesar (emperador menor) y gobernarían junto a sus respectivos Augustos (emperador mayor). Cuatro emperadores controlaban ahora el vasto Imperio romano. Esta reforma es conocida por los historiadores como la Tetrarquía, y aunque supuso la recuperación del Imperio romano, también causó problemas con el paso de los años.

Cómo empezó a desmoronarse la Tetrarquía

Con la abdicación de Diocleciano y Maximiano en 305, el liderazgo del imperio recayó sobre los hombros de sus cesares, que fueron ascendidos al rango de Augusto. Galerio gobernó Oriente con su recién nombrado Cesar, Maximino, mientras que Occidente quedó bajo el control de Constancio y su subordinado, Severo. Sin embargo, los nombramientos de los nuevos cesares no fueron aceptados por todos, especialmente por Majencio (hijo de Maximiano) y Constantino (hijo de Constancio), ambos considerados inicialmente como los siguientes en la línea de sucesión. El imperio no tardó en ser testigo de otro problema sucesorio.

En 306, el Augusto de Occidente, Constancio, marchó a Britania para dirigir una campaña contra los pictos. Desgraciadamente, sucumbió a la leucemia ese mismo año, dejando su trono abierto a un nuevo líder capaz de reclamarlo. Su Cesar, Severo, fue rápidamente nombrado nuevo Augusto. Sin embargo, esto no fue reconocido por el ejército de Constancio, que aclamó al hijo del difunto emperador, Constantino, como gobernante de Occidente (algunas fuentes afirman que Constancio nombró a su hijo el siguiente Augusto). Para calmar el tenso asunto de la sucesión, Galerio nombró oficialmente Cesar a Constantino.

Otro asunto surgió al año siguiente. Majencio, que se había ganado el apoyo de la Guardia Pretoriana y del pueblo de Roma, se proclamó emperador. Como nadie reconocía su poder autoproclamado, los cuatro emperadores de la Tetrarquía planearon destituirlo. En 307, Severo marchó a Roma con sus tropas, con la esperanza de acabar con Majencio, pero la deserción de su ejército lo obligó a retirarse. Pronto fue capturado y asesinado. A medida que el ejército de Majencio crecía, reanudó su gobierno no oficial sobre Italia junto a su padre, Maximiano, que había resurgido de su retiro unos años antes. En algún momento del mismo año, Galerio los atacó en vano; su ejército también desertó y se pasó al bando de Majencio.

Siguiendo el consejo del retirado Diocleciano, los emperadores eligieron a otro hombre para sustituir al ya fallecido Severo. La Tetrarquía vio la llegada de Valerio Liciniano Licinio, el nuevo Augusto de Occidente, mientras Constantino seguía siendo su Cesar. Maximiano seguía ansiando el poder e intentó derrocar a Constantino, pero fracasó y lo condujo a su desaparición. Galerio, por su parte, murió tras luchar contra una horrible enfermedad, posiblemente cáncer de intestino o gangrena. Los cristianos se alegraron de su muerte, ya que significaba el fin de sus despiadadas persecuciones.

Las guerras entre los emperadores se prolongaron durante años. Constantino aprovechó la debilidad de Majencio cuando perdió el apoyo de los ciudadanos de Roma para lanzar un ataque e invadir Italia. Se cree que la noche anterior a la batalla, Constantino tuvo un sueño con Jesucristo. Ordenó a sus tropas que marcharan a la batalla con la cruz cristiana en sus escudos y estandartes. Su victoria contra Majencio en la batalla del Puente Milvio le permitió hacerse con el control total de Occidente.

Constantino se centró en Licinio, que había logrado hacerse con el control de Oriente tras la derrota de Maximino. Ambos lucharon varias veces antes de que Licinio finalmente se rindiera en 324. Tras aplastar a la Tetrarquía y reunificar el imperio, Constantino se convirtió en el único emperador.

Ilustración de Constantino al frente de su ejército contra Majencio en el Puente Milvio
https://commons.wikimedia.org/wiki/File:Battle_of_the_Milvian_Bridge_by_Giulio_Romano,_1520-24.jpg

Constantino, primer emperador cristiano de Roma

Como único emperador de Roma, Constantino era libre de gobernar el vasto imperio a su antojo sin enfrentarse a amenazas o desacuerdos de otros gobernantes romanos. Tras ver el estado de decadencia de Roma, el emperador buscó un nuevo emplazamiento para su capital. Primero pensó en el emplazamiento de la antigua ciudad de Troya, pero cambió de idea. Nicomedia no entraba en sus planes, ya que había pertenecido a Diocleciano; Constantino quería un lugar que no hubiera sido tocado por emperadores anteriores. Así que eligió la antigua ciudad de Bizancio. Su ubicación estratégica y su gran puerto la convirtieron en la elección perfecta.

Constantino comenzó a trabajar en su nueva capital. Invitó a artesanos de todo el imperio a reconstruir la ciudad y utilizó los ricos recursos obtenidos de las provincias. Se construyeron murallas y avenidas, así como varias estatuas de poderosas figuras de la historia romana, incluido él mismo. Constantino incluso encargó la construcción de iglesias cristianas, cisternas y templos paganos en su nueva capital. En 330, Bizancio, rebautizada Constantinopla, era exactamente como él la había imaginado.

Tras soñar con Jesucristo en 312, justo antes de su gran batalla, se dice que Constantino se convirtió al cristianismo; sin embargo, algunas fuentes afirman que fue bautizado en su lecho de muerte. No obstante, el gran emperador dio muestras de su devoción. En cuanto Constantino accedió al trono, envió inmediatamente a su madre, una devota cristiana, en peregrinación, lo que dio lugar a la construcción de la Iglesia de la Natividad en Belén. Se puso fin a los juegos de gladiadores, ya que matar para divertirse iba en contra de las creencias del cristianismo. También se puso fin a los sacrificios paganos.

La contribución más conocida de Constantino a los cristianos fue el Edicto de Milán, establecido en 313, antes de la guerra con Licinio. Dado que el cristianismo era funcionalmente ilegal en el Imperio romano al principio de la existencia de la religión, muchos cristianos habían perecido debido a la persecución. El emperador Nerón culpó a los cristianos del terrible gran incendio, lo que provocó la muerte de muchos de ellos. Incluso Diocleciano aprobó un decreto que permitía la persecución oficial de los cristianos en el año 303. Aunque Constantino no fue el primero en legalizar el cristianismo, su edicto fue eficaz. El Edicto de Milán declaró oficialmente la abolición de la persecución de los cristianos, al tiempo que protegía los derechos de los ciudadanos cristianos. Los detenidos fueron excarcelados y se les devolvieron las propiedades confiscadas. El edicto también declaraba la tolerancia hacia todas las creencias. Aunque el cristianismo no se convirtió en la religión oficial del imperio —esto ocurrió durante el reinado del emperador Teodosio en 380—, Constantino contribuyó sin duda a la difusión de la religión.

Durante los años de su floreciente reinado, el gran emperador siguió siendo un comandante militar y cosechó decenas de éxitos en la defensa de su imperio frente a amenazas extranjeras. Con su hijo, Constancio II, a su lado, derrotó a varias tribus bárbaras en el campo de batalla y reconquistó los territorios perdidos ante los dacios. Planeó capturar Persia, pero su enfermedad se lo impidió. Murió en 337 tras gobernar el imperio reunificado durante más de treinta años.

De la gloria y la estabilidad, el imperio volvió a verse inmerso en otra serie de escaramuzas tras el fallecimiento de Constantino. Las luchas de poder entre los miembros de su familia se estaban gestando, y todos luchaban por el trono. Sin embargo, al final, los tres hijos de Constantino ascendieron al poder tras eliminar a sus rivales.

Una vez resuelto un asunto, surgió otro; el imperio se enfrentaba a constantes problemas, con guerras y rebeliones que se sucedían casi semanalmente. Mientras intentaba devolver la estabilidad y la paz al imperio, dos de los hijos gobernantes de Constantino perecieron, dejando a Constancio II como único emperador. En vista de todos los problemas que se estaban produciendo en el imperio, Constancio II decidió nombrar a un coemperador para gobernar Occidente. El elegido fue su primo Juliano, que pronto demostraría ser un gobernante muy eficiente. Amenazado por el éxito de Juliano, Constancio II intentó derrocar a su propio coemperador. Sin embargo, murió de una enfermedad antes de la batalla, dejando a Juliano como único gobernante.

Además de sus éxitos militares, Juliano también fue conocido por su esfuerzo por revivir el paganismo. Incluso revocó parte del Edicto de Milán, que había restringido las prácticas paganas. El emperador, también conocido como Juliano el Apóstata por los cristianos, encontró la muerte durante su campaña contra las fuerzas sasánidas. Murió a causa de una herida de lanza. La batalla contra los sasánidas era solo el principio, pues la paz y la gloria ya no estaban en el horizonte del Imperio romano.

La caída de Occidente

El imperio no tardó en presentir problemas aún mayores al ver el comienzo de la migración de las tribus germánicas. La extrema presión de los poderosos hunos había provocado que estos bárbaros buscaran refugio dentro del imperio; algunos entraron pacíficamente, mientras que otros no. Los visigodos, por ejemplo, se acercaron a las fronteras del imperio hacia 376, esperando un refugio seguro. Fueron bien recibidos por el emperador en el poder, Valente, con la condición de que defendieran las fronteras de cualquier amenaza. Sin embargo, la situación no tardó en cambiar, ya que los romanos no lograron acomodar a la numerosa tribu que, según las estimaciones, contaba con cerca de ochenta mil miembros. Combinado con la hostilidad que mostraban la mayoría de los romanos hacia ellos, los visigodos se rebelaron, lo que condujo a un baño de sangre llamado la batalla de Adrianópolis.

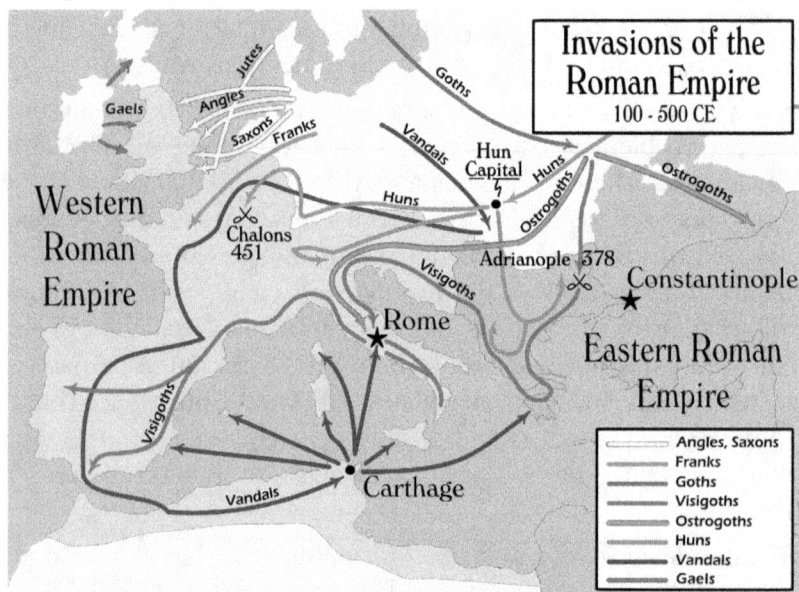

Rutas tomadas por los invasores bárbaros del Imperio romano durante el periodo migratorio

La gran infantería romana estaba dirigida por Valente, mientras que los germanos visigodos estaban liderados por Fritigerno. Los visigodos también contaban con la ayuda de los ostrogodos. El 9 de agosto de 378, la batalla comenzó con un ataque lanzado por algunos comandantes romanos. Como el asalto se lanzó sin orden, el resto de las tropas se confundieron, lo que abrió una oportunidad para que la caballería ostrogota atacara desde las montañas y aniquilara a la infantería romana. Murieron más de cuarenta mil romanos, incluido Valente. Con el cuerpo sin vida del emperador en el campo de batalla, los bárbaros salieron victoriosos, aunque por poco tiempo. Pronto fueron empujados de vuelta a Tracia por el ejército romano, dirigido por el siguiente emperador, Teodosio.

Pintura del siglo XIX que posiblemente representa el saqueo de Roma
https://commons.wikimedia.org/wiki/File:Cole_Thomas_The_Course_of_Empire_Destruction_1836.jpg

Teodosio dirigió con éxito campañas contra los godos y reprimió dos guerras civiles durante sus dieciséis años en el trono. Pero el Imperio romano estaba lejos de alcanzar la paz, ya que volvió a dividirse en dos en 395. Pasó a manos de los dos hijos de Teodosio: Arcadio y Honorio. Como el Imperio romano de Oriente, sólidamente fortificado, seguía siendo impenetrable, muchos agresores desplazaron su objetivo hacia Occidente. En 410, los visigodos, bajo el liderazgo del rey Alarico, lanzaron un ataque contra Roma. La vieja y decadente ciudad, que una vez fue la parte más gloriosa del imperio, ya no tenía salvación. No recibió ninguna ayuda de Oriente. La gran ciudad de Roma fue saqueada, marcando el principio del fin del Imperio romano de Occidente.

Décadas después de la caída de Roma, el Imperio romano de Occidente se vio obligado a librar otra feroz batalla. Esta vez, fue contra el gran ejército liderado por Atila el Huno. Atila había estado arrasando todo el imperio, causando un miedo extremo. Su avance fue detenido por Flavio Aecio, un brillante comandante romano.

Reconociendo que los hunos eran guerreros extremadamente formidables, el comandante romano recurrió a aliados improbables: visigodos, francos, burgundios y alanos. Tras aliarse con estas tribus germánicas, Aecio condujo a todo su ejército a los campos Cataláunicos (situados en la actual Champaña, Francia), donde se enfrentaría a Atila y sus feroces guerreros. Haciendo uso de sus experiencias pasadas en el campo de batalla, Aecio derrotó con éxito a Atila, que se vio obligado a retirarse de la guerra.

La batalla de los Campos Cataláunicos fue un gran éxito para Aecio, pero no fue suficiente para devolver la gloria al Imperio romano de Occidente. La muerte de Atila al año siguiente fue vista como una buena noticia para los romanos, ya que, sin su liderazgo, el Imperio huno no prosperaría, salvando así al imperio de nuevas amenazas. Sin embargo, las tribus germánicas nunca detuvieron sus conquistas del Imperio romano de Occidente. En 476, el soldado germano Odoacro logró derrocar al joven emperador Rómulo Augústulo y se adjudicó el título de primer rey de Italia. Aunque Oriente se mantuvo fuerte, convirtiéndose más tarde en el Imperio bizantino, la eliminación del último emperador occidental marcó el fin del Imperio romano de Occidente.

Capítulo 6 - Comercio y transporte

Puede que el Imperio romano haya pasado a la historia por su floreciente riqueza, economía, arquitectura, arte, guerras y exitosas conquistas. Pero muchos no saben que este vasto imperio también era conocido por sus largas redes de carreteras, algunas de las cuales aún existen hoy en día. Por supuesto, las carreteras no fueron inventadas por los romanos; la primera carretera fue construida por las primeras civilizaciones mesopotámicas. Los romanos tomaron prestada la idea y ampliaron el concepto, sobre todo por motivos militares. La primera *vía* o calzada romana de la historia se conoce como Vía Apia,

Ilustración de la Vía Apia
https://commons.wikimedia.org/wiki/File:Antichina_piranese.jpg

Partes de la Vía Apia que sobrevivieron al paso de los siglos
https://commons.wikimedia.org/wiki/File:Minturno_Via-Appia.jpg

Construida en el año 312 a. C., esta antigua calzada fue encargada por Apio Claudio Caeco, un brillante estadista que sirvió a la República romana como censor o magistrado. Inicialmente, la calzada recorría más de 200 kilómetros (unas 125 millas), comenzando en Roma y terminando en la antigua ciudad de Capua, en Campania. Casi siete décadas más tarde, la calzada se amplió otros trescientos kilómetros (casi doscientas millas) hasta Bríndisi, situada junto al mar Adriático. En aquella época, era habitual que las calzadas romanas se construyeran lo más rectas posible. Los primeros noventa kilómetros (cincuenta y cinco millas) de la Vía Apia, por ejemplo, se construyeron en línea recta hasta llegar a Terracina, una ciudad situada en la costa del mar Tirreno. Desde allí, la calzada daba su primer giro y se construía tierra adentro hasta llegar a Capua. Posteriormente, se establecieron más redes viarias, principalmente para facilitar los desplazamientos de los militares. Se cree que el Imperio romano contaba con un total de 372 calzadas que conectaban más de un centenar de sus provincias. De los 400.000 kilómetros (unas 250.000 millas) de calzadas, más de 80.000 kilómetros (50.000 millas) eran carreteras empedradas.

El proceso de construcción de estas calzadas era una tarea difícil, sobre todo porque se esperaba que durasen siglos. Como los romanos preferían que sus calzadas se construyeran en línea recta, había que realizar estudios para determinar los métodos de ingeniería correctos. Se exploraba la ruta por la que debía discurrir la calzada y se observaban los obstáculos naturales del camino. Talaban bosques, desecaban lagos y pantanos, desviaban arroyos y cortaban laderas de montañas para que las carreteras pudieran construirse sin curvas. Se construyeron puentes arqueados para cruzar caudalosos arroyos y túneles para atravesar montañas y evitar largos rodeos.

Las calzadas romanas fueron uno de los mayores logros arquitectónicos del imperio. Muchos coinciden en que estas redes viarias eran las arterias del imperio y la clave principal de su impresionante poderío. Además de ser utilizadas por los legionarios para marchar hacia una ciudad capturada y tal vez superar a sus enemigos, el sistema de calzadas también permitía a los civiles romanos viajar a través de las provincias en cuestión de días para visitar a sus familiares o realizar transacciones comerciales o negocios. Los suministros, la ayuda de emergencia y los refuerzos podían llegar fácilmente incluso a las zonas más aisladas del imperio, ya que las calzadas se diseñaron específicamente pensando en la velocidad.

El primer emperador de Roma, Augusto, tomó la decisión de establecer el *cursus publicus*, el primer servicio de mensajería del imperio. Los historiadores creen que los persas influyeron en la creación del *cursus publicus*. Estos mensajeros se encargaban de entregar diferentes tipos de mensajes, ya fueran de altos funcionarios o senadores, o incluso de los ingresos fiscales de las provincias situadas al final de la frontera occidental.

La mayor parte del tiempo, los mensajeros iban a caballo; las fuentes afirman que podría ser factible que recorrieran una media de ochenta kilómetros (cincuenta millas) al día. La estratégica red de carreteras acortaba sin duda el tiempo necesario para que los mensajeros llegaran a su destino. Desde Roma, se tardaba aproximadamente siete días y medio en llegar a la ciudad galo-romana de Lutecia (actual París). La tarea de un mensajero podía parecer decente, pero a menudo era un trabajo peligroso. Como los mensajeros transportaban suministros valiosos y correo importante, a menudo eran objetivo de los ladrones.

Además, los mensajeros viajaban por las provincias en un carruaje ligero tirado por un par de caballos veloces. También se utilizaba una birota, un lento carro de dos ruedas tirado por bueyes, aunque estaba estrictamente reservado para la entrega de cartas y documentos oficiales del gobierno. Como las ruedas de los carruajes romanos eran de hierro, a menudo se producían ruidos fuertes y desagradables cada vez que pasaban. La ley romana prohibía estrictamente la entrada de cualquier tipo de carruaje en las ciudades durante el día.

Cada 25 kilómetros a lo largo de las calzadas romanas se podían encontrar una *mansio*. Traducido directamente como «lugar de estancia», una *mansio* era una estación de paso. Normalmente eran encargadas por el gobierno para servir de lugar de descanso a mensajeros y viajeros. Comenzando como una simple estructura que servía bebidas y a veces comida, la zona que rodeaba a una *mansio* solía atraer a muchos otros negocios, lo que daba lugar a la aparición de pequeñas ciudades. Aunque era habitual ver campamentos militares cerca de las *mansiones*, algunos sugieren que estas áreas de descanso tenían bastante mala reputación debido a las frecuentes visitas de prostitutas y delincuentes.

Los distintos tipos de transporte romano

Mientras que la *biga*, el carro de dos caballos, se utilizaba a menudo en carreras y ceremonias diversas, los romanos utilizaban otro tipo de carro rápido llamado *essedum* para atravesar las ciudades. Una versión mucho más lenta era el *cisium*. A diferencia del *essedum*, el *cisium* disponía de un asiento para dos pasajeros.

Figura de bronce de una biga de la Galia romana
https://commons.wikimedia.org/wiki/File:Bige_Mus%C3%A9e_de_Laon_050208.jpg

Para viajes más largos, los ciudadanos romanos optaban por una *raeda*, una carreta romana cuyos orígenes se remontan a los celtas. Casi equivalentes a los autobuses actuales, algunos de estos antiguos carruajes tenían techos de tela para proteger a los pasajeros de las inclemencias del tiempo, aunque los que no los cubrían eran bastante comunes. En su interior, el carro disponía de varios bancos en los que cabían varios pasajeros. Aunque había espacio para colocar provisiones y equipaje, la ley romana establecía un límite máximo de peso; cada carruaje solo podía transportar menos de mil *libras* romanas (unos 330 kilogramos o 730 libras) de equipaje. Cuando una *raeda* no era tirada por cuatro caballos sanos, se utilizaban bueyes y mulas para tirar del carruaje.

Los ricos viajaban distancias cortas en una litera, que llevaban seis porteadores o esclavos. Este medio de transporte era especialmente popular entre las mujeres adineradas, ya que era una opción más segura al recorrer las calles de la ciudad. Mientras que los romanos de clase media utilizaban la *raeda* para viajar en grupo, los ricos viajaban en un *carpentum*, que era más cómodo que el simple carruaje. No solo estaba totalmente cubierto con un techo de madera arqueado, sino que también estaba adecuadamente adornado y era espacioso. Una versión más pequeña del *carpentum* era la *carruca*, en la que solo cabían dos pasajeros.

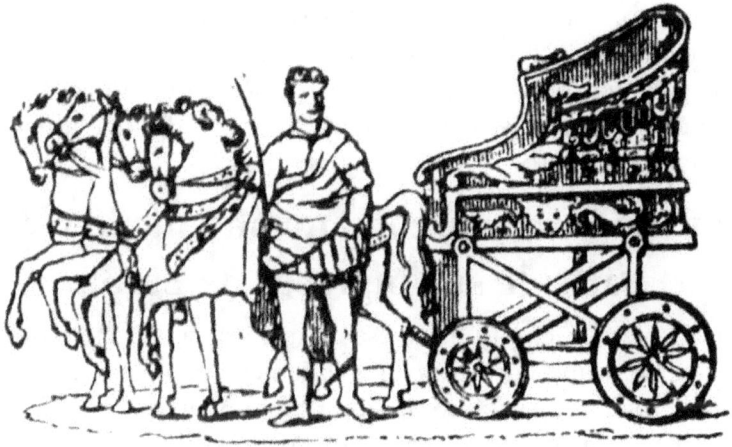

Una carruca romana, que solían utilizar los ricos
https://commons.wikimedia.org/wiki/File:Carruca.jpg

El *plaustrum*, un carro abierto tirado por bueyes, también era muy común. Fabricado enteramente con madera y de dos a cuatro ruedas de hierro macizo, este particular medio de transporte se utilizaba para transportar mercancías pesadas. Materiales de construcción, como ladrillos y piedras, junto con productos agrícolas, como aceite de oliva, uvas, vinos, cereales y granos, eran algunos de los artículos que transportaba este carro.

Cómo el Imperio romano obtenía la mayor parte de sus ingresos de Egipto

La Ciudad Eterna siempre había estado interesada en Egipto debido a la enorme riqueza que poseían los gobernantes ptolemaicos. Cuando dos de los gobernantes más influyentes de Roma, Augusto y Marco Antonio, acordaron una alianza y formaron el Segundo Triunvirato, ambos se repartieron sus poderes, asegurándose Antonio el dominio sobre Oriente, incluido el precioso Egipto. Allí formó una alianza con la reina de Egipto, Cleopatra VII, que también era descendiente de Ptolomeo, uno de los cuatro generales que sirvieron bajo Alejandro Magno. Con Cleopatra a su lado y sus riquezas al alcance de la mano, el general romano planeó lanzar una campaña contra el Imperio parto, una ambición que perjudicó gravemente a la economía egipcia. A pesar del declive gradual de la región, Antonio puso sus ojos en las campañas bélicas en lugar de restaurar la decadente infraestructura de Egipto. Los canales, por ejemplo, estaban completamente descuidados, lo que perturbó los sistemas de irrigación y transporte de Egipto.

A pesar del paulatino declive de la provincia, Augusto consiguió hacerse con la mayoría, si no la totalidad, de los tesoros que antaño pertenecieron a los gobernantes ptolemaicos, incluidas las valiosas ofrendas religiosas reunidas por Cleopatra. Sin embargo, en lugar de destinar esta gran fortuna a sus arcas personales, el joven emperador la empleó en su pueblo; se dice que los ciudadanos romanos recibieron casi cuatrocientos sestercios cada uno, mientras que los militares fueron colmados de generosos regalos. Esta medida no solo garantizó la popularidad del emperador entre sus súbditos, sino que también desempeñó un profundo papel en la economía del imperio. El Imperio romano empezó a experimentar un auge del consumo, que pronto se tradujo en un aumento de los precios de todo tipo de bienes, lo que atrajo a Roma a más mercaderes y comerciantes extranjeros.

Al ver que la Ciudad Eterna empezaba a acoger a un número cada vez mayor de mercaderes de fuera del imperio, Augusto dirigió su atención hacia los puertos egipcios del mar Rojo y sus rutas marítimas. Comenzó a restaurar Egipto a su antigua gloria, ordenando varios proyectos de construcción a través de la tierra una vez descuidada. Gracias a estas rápidas restauraciones, Egipto pudo reanudar sus florecientes actividades agrícolas. Las carreteras y las rutas comerciales también mejoraron considerablemente bajo la supervisión del emperador, que construyó estaciones de caravanas a lo largo del camino para dar un respiro a los mercaderes viajeros. Se instalaron puestos militares y torres de vigilancia para garantizar la comunicación y la seguridad. En ocasiones, los mercaderes que transportaban cargas más valiosas contaban con la comodidad de una escolta del ejército romano. El emperador también prestó atención a las diversas ciudades portuarias a lo largo del Nilo, especialmente la ciudad de Coptos, considerada el principal centro de recepción de mercancías exóticas importadas de Arabia, India y África.

Estos esfuerzos de restauración, combinados con la administración romana, repercutieron sin duda en las industrias de importación y exportación del imperio. Con el creciente número de barcos que empezaban a zarpar de Egipto hacia lugares tan lejanos como la India, el imperio pudo obtener atractivos ingresos de los impuestos a la importación. Se dice que un barco conocido como el *Hermapollon* regresó a Egipto desde la India con especias exóticas y mercancías por valor de al menos nueve millones de sestercios. Solo de este barco, el imperio recaudó un 25% en impuestos, lo que equivalía aproximadamente a dos millones de sestercios. Los registros afirman que el imperio recaudaba unos 250 millones de sestercios al año a través de los impuestos a la importación y otros 25 millones de sestercios anuales a través de los impuestos a la exportación.

Bajo el reinado de Augusto, solo Egipto aportaba casi la mitad de los ingresos del imperio. Los ingresos producidos por la provincia siguieron creciendo con el paso de los años. A mediados del siglo I d. C., Egipto producía al menos seis millones de sestercios al año, lo que suponía dos tercios de las arcas imperiales.

Mercancías en la Roma imperial

Aunque Egipto era el principal punto de entrada de las mercancías procedentes del Lejano Oriente, el Imperio romano de Occidente tenía Ostia como puerto principal, ya que era el situado más cerca de Roma. Su ubicación, justo en la desembocadura del río Tíber, hacía posible que las mercancías importadas llegaran a la Ciudad Eterna en cuestión de días. Dado que el transporte de mercancías por carretera resultaba bastante caro, los mercaderes y comerciantes preferían viajar por mar, aunque era más arriesgado dada la imprevisibilidad de las condiciones meteorológicas y marítimas. Por ello, los romanos hicieron todo lo posible para garantizar la seguridad de las rutas marítimas. Se construyeron varios faros y se desplegó la armada romana para expulsar a los piratas que surcaban las aguas.

Los romanos no solo importaban mercancías a nivel internacional, sino que también recibían mercancías de sus propias provincias. Britania, por ejemplo, suministraba a Roma lana, estaño, plomo y plata, que a menudo utilizaban para fabricar joyas y acuñar monedas. Las provincias orientales, por su parte, proporcionaban tintes para la ropa, algodón, perfumes y especias. Los cereales llegaban a la Ciudad Eterna desde el norte de África, que también proporcionaba animales salvajes que solían utilizarse en los juegos de gladiadores. Diferentes tipos de alimentos y productos consumibles eran bienes de comercio habituales entre las provincias romanas, como la salsa de pescado garo, el aceite de oliva, los cereales y, por supuesto, el vino, que se consideraba una parte importante de la dieta romana. En el ámbito internacional, se sabe que Roma exportaba diversos productos a distintas partes del globo, como uvas, cerámica y papiros.

A los romanos les encantaba vestir de seda, sobre todo a los de clase alta, aunque, según el historiador Marcelino Amiano, a finales del siglo IV d. C. casi todas las clases sociales empezaron a llevar prendas de seda. Los romanos se sintieron muy satisfechos cuando por fin establecieron contacto directo con China en el año 166 de la era cristiana. A partir de ese momento, la seda se convirtió en algo habitual en el imperio, ya que los romanos comenzaron a acoger las importaciones procedentes de China a través de la Ruta de la Seda. En cuanto a la India, se cree que Roma importó más de cien artículos, entre ellos especias exóticas, sándalo, cuentas de cristal, marfil e incluso pavos reales. También se importaban esclavos a Roma desde regiones y reinos ajenos al imperio.

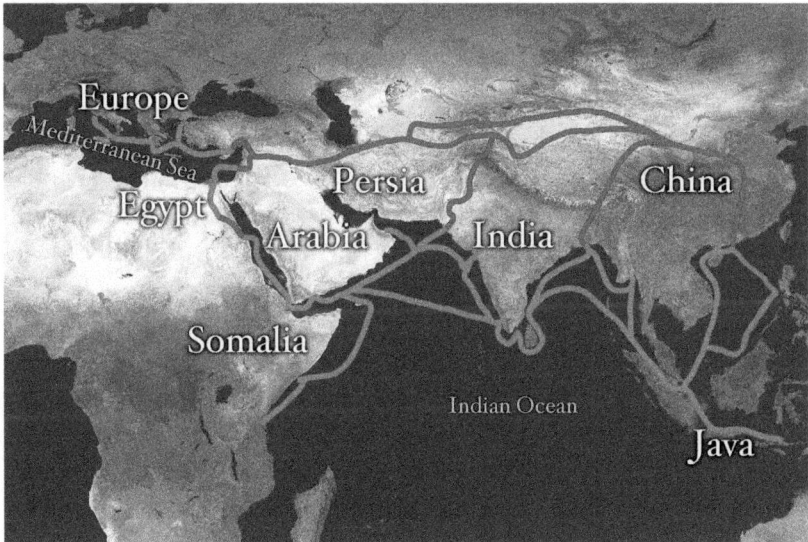

La Ruta de la Seda se utilizaba para el comercio de mercancías. Las rutas terrestres aparecen en rojo y las marítimas, en azul
https://commons.wikimedia.org/wiki/File:Silk_route.jpg

El comercio en el Imperio romano duró siglos y mantuvo la estabilidad financiera de Roma. Solo cuando los godos capturaron Ostia, su economía comercial empezó a caer en picado. Sin el control del puerto, los romanos no pudieron importar cereales y otros alimentos, lo que provocó una hambruna masiva, que fue la clave de la victoria de los godos. Cuando el Imperio romano de Occidente se derrumbó, el Mediterráneo volvió a estar rodeado de peligros, lo que impidió a muchos mercaderes y comerciantes hacer negocios en la Ciudad Eterna.

Capítulo 7 - Gobierno central y provincial

En algún lugar dentro de las seguras murallas de la Ciudad Eterna, se podía ver a un hombre abriéndose paso a toda prisa entre la bulliciosa multitud del antiguo Foro. Probablemente rondaba la cincuentena y vestía una toga con una ancha franja púrpura tiria: un símbolo de alto estatus. En uno de sus dedos lucía un anillo de oro especial, señal de que el hombre pertenecía a la clase social más alta de Roma. El hombre llegó por fin a su destino, la Curia Julia, una de las estructuras más prominentes de la antigua Roma, encargada por el gran Julio Cesar y terminada por el propio Augusto. El hombre prosiguió su camino y entró en la sede del Senado. Entonces procedió a tomar asiento entre sus compañeros senadores y se preparó para una reunión en la que discutirían sobre el próximo líder de Roma.

Senadores romanos discutiendo asuntos de estado
https://commons.wikimedia.org/wiki/File:Cicer%C3%B3n_denuncia_a_Catilina,_por_Cesare_Maccari.jpg

Antes de que Augusto obtuviera la victoria sobre Marco Antonio en Accio, Roma estaba básicamente bajo el control del Senado. Según la tradición romana, el nacimiento del Senado se remonta a la fundación de la Ciudad Eterna. Su primer rey legendario, Rómulo, fue el responsable de la creación del Senado. Se creía que Rómulo había elegido a cien de sus mejores hombres como primeros senadores. Se les encomendó una tarea sencilla: asesorar al soberano. Aunque los registros sobre el papel crucial que desempeñaba el Senado en aquella época son bastante vagos, los historiadores coinciden en que el poder del Senado empezó a crecer cuando la monarquía romana se acercaba a su fin.

Roma se convirtió en república cuando el séptimo rey de Roma, Lucio Tarquinio Superbo, fue finalmente derrocado. La ausencia de una corona en lo alto de la jerarquía allanó el camino para que el Senado ascendiera y expandiera su poder. Comenzando con solo cien hombres, el número de senadores aumentó a seiscientos. Luego creció hasta novecientos bajo el mandato de Cesar, pero volvió a disminuir a seiscientos cuando Augusto tomó las riendas. Aunque situado en la cima de las clases sociales, ser senador no era un paseo por el parque. En primer lugar, para formar parte del Senado había que ser lo bastante rico, ya que los senadores no recibían salario alguno y tenían estrictamente prohibido dedicarse al comercio. De hecho, se esperaba de ellos que financiaran al Estado. Una vez nombrados, los senadores servían hasta su último aliento. Si eran sorprendidos en un acto deshonroso o si su patrimonio se agotaba por algún motivo, el senador debía dimitir.

Durante los primeros tiempos de la república, el Senado se encargaba principalmente de asesorar a los magistrados, como los censores y los cónsules. Los senadores no tenían poder para aprobar leyes; solo podían sugerir decretos a los magistrados. Tras un debate formal y la obtención de votos, los decretos se convertían en leyes y se aplicaban en todo el Estado. Sin embargo, en el siglo IV a. C., la autoridad del Senado creció. Estaba a cargo de casi todos los aspectos del gobierno, incluidos los asuntos religiosos. El Senado no solo estaba a cargo del flujo de dinero de la ciudad, sino que también era lo suficientemente poderoso como para nombrar a funcionarios favorecidos para gobernar una determinada provincia o ascender a alguien al rango de *legatus* o general. Los senadores también tenían autoridad para declarar la guerra a sus enemigos; Julio Cesar y Marco Antonio fueron tachados en su día de enemigos públicos. En tiempos desesperados, también podían nombrar dictador a alguien, normalmente alguien que tuviera un historial militar excepcional.

El Senado fue sin duda el órgano oficial más poderoso de Roma durante siglos. Tras el ascenso del primer emperador de Roma, Augusto, el Senado vio cómo su poder disminuía gradualmente. Durante el primer periodo imperial, el Senado seguía teniendo una influencia considerable dentro del imperio; los senadores podían debatir y discrepar de las decisiones del emperador. Conservaban parte de su autoridad, tanto en el ámbito militar como en el religioso. El Senado también podía nombrar gobernadores, pero solo para determinadas provincias, normalmente las que no estaban bajo la vigilancia directa de Augusto. Los senadores se encargaban de la justicia y sus decisiones eran inapelables, ni siquiera el emperador podía revocarlas.

Sin embargo, con el paso del tiempo, el Senado continuó enfrentándose a diversas amenazas a su poder y prestigio, especialmente cuando los militares empezaron a imponerse al comienzo de la crisis del siglo III. Finalmente, el Senado perdió la mayor parte de su autoridad cuando la sede oficial del emperador fue trasladada a Oriente. Aunque el Senado romano se dividió en dos cuerpos —uno permaneció en la desmoronada Roma y el otro en Constantinopla—, solo intervenían en asuntos menores y locales.

El emperador romano, un hombre con verdadero poder sobre el Imperio

Aunque en los primeros tiempos del imperio se mantuvo la estructura política de la República romana, los poderes del Senado eran solo de nombre, sobre todo después del reinado de Augusto. En ese momento, el Senado solo existía para refrendar las decisiones del emperador. Si los senadores se negaban, podían enfrentarse a graves castigos, incluida la muerte.

El emperador reinante tenía el control absoluto de las arcas del imperio; podía gastar cualquier suma de dinero en lo que deseara, ya fuera la construcción de un nuevo templo o incluso una estatua con su efigie. Sus palabras también eran definitivas. Nerón, descrito por muchos como un emperador siempre necesitado de dinero, señalaba libremente con el dedo a aquellos que le desagradaban, diciendo que estaban implicados en una determinada conspiración. La persona sería arrestada y a menudo asesinada. Su riqueza sería confiscada y entregada al emperador. Nerón utilizaba a menudo este método para financiar sus costosos proyectos de construcción.

El emperador también tenía el control de la mayor parte del ejército. El propio Augusto era el comandante de veintiséis legiones, que comprendían aproximadamente 125.000 soldados altamente entrenados. Nadie podía presentarse a un cargo sin la aprobación del emperador. El emperador estaba muy implicado, incluso en los asuntos religiosos de la ciudad. Augusto y los emperadores que lo sucedieron asumieron el título de *Pontifex Maximus* o «sumo sacerdote», lo que significaba que tenía la máxima autoridad sobre todas las ceremonias religiosas.

Los gobernadores provinciales estaban sometidos a una estrecha supervisión, y el emperador podía convocar a su pueblo en asamblea si sentía la necesidad de promulgar nuevas leyes. En resumen, el emperador era el único hombre que tenía verdadero poder sobre el vasto imperio, hasta el punto de que, incluso después de su muerte, algunos eran deificados, una tradición religiosa que los romanos posiblemente asimilaron de Oriente.

Cómo se gobernaban las provincias romanas

La rápida expansión del imperio hacía imposible que el emperador supervisara todos los asuntos de los cientos de provincias. Durante la República, cada una de las provincias estaba bajo la vigilancia de un magistrado romano nombrado por el Senado. Estos gobernaban las provincias con el apoyo de un cuestor, un magistrado de rango inferior cuya principal responsabilidad era el tesoro, junto con tres lugartenientes. Sin embargo, la extorsión y los abusos eran habituales en estas provincias romanas, ya que los gobernadores tenían el control absoluto.

A principios del Imperio romano se introdujeron reformas en los gobiernos provinciales. Se nombraron procuradores para frenar los problemas de extorsión y la mala gestión financiera. Los gobernadores eran elegidos entre los cónsules o los pretores, que sorteaban las provincias sobre las que asumían el control. A continuación, los gobernadores debían promulgar la *lex provinciae*, un conjunto de leyes para facilitar la administración de las provincias.

Tras la llegada de Augusto al poder, las provincias se dividieron en dos clases diferentes. Mientras que las provincias senatoriales seguían siendo gobernadas por cónsules y pretores designados, las provincias imperiales fueron puestas bajo el control de legados propretorianos, que eran los representantes del emperador en el poder. Aunque las provincias estaban supervisadas por diferentes tipos de gobernadores, Augusto estableció una política general de gobierno para reducir la corrupción y la administración injusta.

Como gobernadores, tenían cuatro responsabilidades principales. Como estaban a cargo de los impuestos y los asuntos financieros de una provincia, debían supervisar a todas y cada una de las autoridades locales y a los recaudadores de impuestos privados. Su segundo deber era supervisar todos los proyectos de construcción y asegurarse de que el flujo de dinero se ajustaba a los proyectos. Además de vigilar de cerca la situación financiera de la provincia, un gobernador también tenía la responsabilidad de juez supremo. Tenía el poder de imponer penas de muerte. Mientras que las principales provincias del imperio contaban con más de una legión preparada para las batallas, las provincias más pequeñas solían estar formadas por auxiliares. No obstante, se esperaba de los gobernadores que comandaran el ejército en caso de amenaza.

Cómo los militares hicieron valer su poder en la Roma imperial

Con el paso del tiempo, los seiscientos senadores dejaron de ser considerados serios aspirantes al trono imperial y su poder fue disminuyendo lentamente. Sin embargo, a medida que el vasto imperio seguía creciendo, expandiendo sus fronteras hacia el este y el oeste, los emperadores empezaron a depender de los militares. Sin ellos, el imperio caería en pedazos en poco tiempo, sobre todo porque el imperio se había granjeado muchos enemigos con el paso de los años. Al gobierno imperial no le quedó más remedio que asegurarse de que los militares permanecieran leales al emperador. Los colmaron de regalos, salarios atractivos, premios prestigiosos y muchas otras promesas, con la esperanza de que nunca dieran la espalda al emperador gobernante y siguieran protegiendo las fronteras del imperio de cualquier amenaza extranjera inminente.

Sin embargo, los militares no tardaron en darse cuenta de que su emperador les tenía un poco de miedo. Muchos emperadores que acababan de subir al trono recurrían a comprar la lealtad de los militares, pero a veces, los pagos prometidos nunca llegaban, lo que llevaba a los militares a tomar cartas en el asunto. Rebeliones, amenazas e incluso asesinatos eran llevados a cabo por los militares cada vez que el gobierno imperial daba muestras de negligencia. Estos violentos episodios de derramamiento de sangre, motines y asesinatos fueron habituales, especialmente durante la crisis del siglo III.

De todos los estamentos militares, los historiadores consideran que la Guardia Pretoriana era el tercer poder del imperio. Aunque se dice que la Guardia Pretoriana se creó poco después de que Roma se transformara en imperio, esta unidad militar de élite remonta sus orígenes a la República romana. Por aquel entonces, la Guardia Pretoriana se encargaba principalmente de escoltar a los altos cargos del Senado y de las legiones romanas. No fue hasta el inicio del reinado de Augusto, en el año 27 a. C., cuando la Guardia Pretoriana experimentó algunos cambios. En lugar de proporcionar seguridad a los funcionarios de élite, la Guardia Pretoriana se encargó de mantener a salvo al emperador y a su familia.

Relieve de la Guardia Pretoriana

Historien spécialiste du bassin minier du Nord-Pas-de-Calais JÄNNICK Jérémy / Wikimedia Commons & Louvre-Lens: https://commons.wikimedia.org/wiki/File:Lens_-_Inauguration_du_Louvre-Lens_le_4_d%C3%A9cembre_2012,_la_Galerie_du_Temps,_n%C2%B0_058.JPG

El número de hombres de la Guardia Pretoriana varió con el paso de los años. Comenzó con un total de 4.500 soldados elegidos a dedo durante el reinado del primer emperador de Roma y llegó a 15.000 a finales del imperio. Esta unidad de élite vivía en barracones especiales denominados *Castra Praetoria*, que se situaban en las afueras de Roma. El salario de los pretorianos era bastante lucrativo; ganaban unas tres veces más que un soldado regular. También tenían derecho al *donativum*, una forma de dinero de regalo por valor de varios años de sueldo cada vez que un nuevo emperador tomaba las riendas. El rango más alto dentro de esta fuerza especial de élite se denominaba prefecto pretoriano, y algunos de ellos eran conocidos por desempeñar papeles importantes en la dura esfera política.

Como parte de la protección del emperador gobernante, la Guardia Pretoriana tenía que actuar como fuerzas antidisturbios, policía secreta y, a veces, brigadas de bomberos. A menudo iban de incógnito, vistiéndose como ciudadanos normales y espiando conversaciones sospechosas, especialmente en los juegos de gladiadores y las representaciones teatrales. Aquellos que mostraban la más mínima señal de traición eran arrestados e interrogados. Los pretorianos incluso asesinaban en secreto a quienes consideraban una amenaza inminente para el gobierno y el emperador. Los pretorianos cumplieron fielmente con su deber durante las primeras décadas del Imperio romano. Sin embargo, con la muerte de Augusto y el ascenso de Tiberio, la Guardia Pretoriana empezó a mostrar su verdadera cara.

El primer prefecto que logró elevar la participación de la Guardia Pretoriana en la esfera política de Roma fue Sejano. Muchos coinciden en que Sejano era un hombre muy ambicioso cuyo objetivo final era asegurar todo el imperio. De hecho, realizó brevemente sus sueños cuando los asuntos del estado quedaron a su juicio después de que persuadiera con éxito a Tiberio para que abandonara la sede imperial y residiera en su lujosa mansión lejos de Roma. Sin embargo, al final, la propia codicia y sed de poder de Sejano sellaron su destino.

Aunque Tiberio nunca dejó al prefecto como gobernante de facto de Roma, Sejano empezó a ganar influencia política, sobre todo gracias a sus leales camaradas. El Senado acabó por tomarle cariño, pero solo por poco tiempo, ya que no tardó en abusar de su poder. Se volvieron a celebrar juicios por traición y muchos perecieron debido a su codicia. En este punto, el gobierno estaba en ruinas, y el pueblo de Roma vivía con miedo. Sejano se centró en Druso, el único hijo de Tiberio y heredero al trono imperial. Con la ayuda de Livila, la esposa de Druso, a la que Sejano había conseguido seducir, Sejano envenenó al único hijo de Tiberio, eliminando así al heredero del emperador. (Cabe señalar que los expertos no están del todo seguros de que Sejano hiciera esto, pero es probable).

Sejano arrestado y condenado a muerte
https://commons.wikimedia.org/wiki/File:Sejanus_is_arrested_and_condemned_to_death.jpg

Para convertirse en heredero legítimo al trono, Sejano intentó casarse con Livila, aunque Tiberio se lo negó. El emperador pronto se enteró de las verdaderas intenciones de Sejano y, con una cuidadosa planificación, consiguió ejecutar al ambicioso prefecto. Debido al problemático gobierno de Sejano, el Senado ordenó inmediatamente la *damnatio memoriae* o condena de la memoria. Todas las acciones y logros anteriores de Sejano podrían haber sido excluidos de las cuentas oficiales romanas, pero su influencia permaneció dentro de la Guardia Pretoriana. El poder de los pretorianos creció enormemente tras su éxito en el asesinato de Calígula. No solo tenían el poder de eliminar emperadores —los pretorianos eran famosos por haber asesinado a trece emperadores romanos a lo largo de los siglos—, sino que también podían seleccionar al siguiente emperador gobernante.

Aunque los pretorianos empezaron como una unidad militar de élite con una causa noble, se convirtieron en ávidos de poder y llegaron a ser temidos y despreciados por muchos, incluidos los emperadores. En el siglo IV d. C., el terror de la Guardia Pretoriana llegó a su fin. Tras una larga serie de traiciones, el emperador Constantino decidió que ya no se podía confiar en la Guardia Pretoriana, por lo que se disolvió definitivamente.

Capítulo 8 - El ejército imperial y la guerra

Agricultores, mercaderes, pescadores, artesanos, panaderos y herreros eran algunas de las ocupaciones más comunes que existían en el Imperio romano. De hecho, uno podía estar libre de cualquier situación que pusiera en peligro su vida si elegía cualquiera de estas carreras, ya que sus trabajos se realizaban a menudo dentro de la seguridad de murallas fortificadas, pero no todas estas profesiones prometían una gran fortuna. Los granjeros podían plantar más de cien cosechas diferentes al año, pero sus posibilidades de poseer tierras propias eran escasas; los panaderos podían vender docenas de panes y otros productos, pero les resultaba casi imposible mudarse de sus destartalados pisos altos a una casa terrera con calles pavimentadas y seguridad garantizada. En aquella época, la fortuna y la riqueza bastaban para empujar a los ciudadanos romanos a alistarse en el ejército, una de las pocas ocupaciones con sueldo fijo.

Siendo uno de los imperios más grandes y poderosos de la época, no es de extrañar que el Imperio romano reuniera su buena ración de enemigos cuya única ambición era destronar al emperador reinante y reclamar cada una de sus vastas regiones. Incluso los historiadores antiguos coincidían en que el imperio era sinónimo de guerra casi todo el tiempo. Por ello, el imperio siempre acogía a reclutas obstinados en prestar al emperador su máxima lealtad y su espada. Por mucho que los romanos quisieran defender su imperio de las fuerzas extranjeras, elegían dedicarse al ejército por las lucrativas recompensas que conllevaba. A los soldados retirados se les prometía una tierra propia y una pensión vitalicia, siempre que sobrevivieran a las numerosas batallas y hubieran servido al imperio durante veinticinco años.

Los interesados en alistarse en el ejército debían cumplir varios requisitos antes de alzar sus espadas en el campo de batalla. La edad mínima para alistarse como legionario era de dieciocho años, y debían ser romanos de nacimiento. Los esclavos tenían estrictamente prohibido unirse a las filas; si alguno era sorprendido intentando colarse, sería asesinado sin piedad. Al principio, solo se permitía alistarse a aquellos cuya estatura superara el metro setenta cinco, pero a medida que el imperio necesitaba más soldados —probablemente debido a las constantes guerras y a las terribles plagas que habían segado muchas vidas—, el requisito de estatura se rebajó al metro setenta. También se esperaba que los soldados tuvieran una gran fuerza y la capacidad de marchar al menos treinta kilómetros al día mientras cargaban a sus espaldas múltiples armas, equipo de tienda, ollas de cocina y otros artículos esenciales. Los reclutas potenciales eran puestos a prueba, ya que tenían que demostrar su destreza en la batalla junto con sus habilidades atléticas y médicas. Una vez comprobados todos los requisitos y superadas las pruebas, se les permitía prestar juramento al emperador y dirigirse a los cuarteles.

Los legionarios no solo estaban expuestos a riesgos y peligros durante una guerra encarnizada, sino también durante su entrenamiento diario. No eran ajenos a crueles castigos, especialmente aquellos que mostraban cobardía o eran considerados incompetentes por sus estrictos comandantes. Durante una marcha, los centuriones o comandantes vigilaban de cerca a sus soldados mientras sostenían un bastón de vid en una de sus manos. Un pequeño error y el soldado recibía una terrible paliza. Un hombre conocido como Lucilio fue considerado por el antiguo historiador Tácito como uno de los centuriones más brutales de la historia romana; se cree que golpeó a sus legionarios hasta que su bastón se partió en dos. La paliza no acabó ahí, ya que pidió a gritos un nuevo bastón para poder continuar con el castigo. Su excesiva brutalidad fue demasiado para los soldados, por lo que fue atacado y asesinado por sus camaradas.

Las severas palizas no eran los únicos castigos que tenían que soportar los soldados. También podían ser ejecutados si cometían un error grave. Muchos comandantes, incluso el propio Augusto, utilizaban la *decimatio*, una infame forma de castigo. Durante la *decimatio*, los soldados se dividían en grupos de diez y se los obligaba a echarlo a la suerte. El desafortunado que sacaba la pajita más corta era ejecutado, a menudo por los nueve soldados restantes del grupo, que lo apaleaban hasta la muerte.

Cuando por fin llegaba el momento de abandonar los barracones y prepararse para un feroz enfrentamiento, el ejército imperial se aseguraba de ir armado hasta los dientes. Para protegerse, un legionario llevaba una armadura de hierro sobre su sencilla túnica de lana, junto con un casco de metal, que solía ser de hierro o bronce, dependiendo del rango y la riqueza de cada uno. El escudo *scutum*, que a menudo colgaba de la espalda de los legionarios, era el objeto más pesado que tenían que llevar. Sin embargo, la versatilidad del escudo lo hacía extremadamente útil en la batalla. Al principio, el escudo tenía forma circular, pero con el tiempo evolucionó hasta convertirse en un gran rectángulo que cubría todo el torso. Durante el combate, el escudo se sujetaba con la mano izquierda y se utilizaba para rechazar golpes cuerpo a cuerpo o para proteger el cuerpo de una lluvia de flechas. El escudo también tenía un pomo de hierro en el centro, que podía utilizarse para golpear y hacer tambalear al enemigo.

El escudo romano, *scutum*

Sin autor legible por máquina. MatthiasKabel supone (basado en reclamaciones de derechos de autor), CC BY-SA 3.0 <http://creativecommons.org/licenses/by-sa/3.0/>, vía Wikimedia Commons: https://commons.wikimedia.org/wiki/File:Scutum_1.jpg

El *gladius* romano

Los legionarios rara vez llevaban armas a distancia, ya que esas armas estaban reservadas principalmente a los auxiliares o tropas no ciudadanas, cuya función principal era ayudar al ejército imperial. Además del *scutum*, los legionarios llevaban una jabalina llamada *pilum*. Al comienzo de una batalla, los soldados lanzaban la jabalina contra sus oponentes. Algunos apuntaban a los escudos del enemigo para limitar su defensa, mientras que otros apuntaban al torso. Al enemigo le resultaba muy difícil apartar la jabalina de sus escudos o armaduras, lo que limitaba su movilidad. El *pilum* estaba cuidadosamente diseñado para doblarse una vez alcanzado el objetivo e impedir que los enemigos pudieran reutilizarlas. Una vez que los enemigos se veían abrumados por las jabalinas, los legionarios desenvainaban sus *gladius*, un tipo de espada, y cargaban contra ellos. Con el *scutum* bien sujeto en la mano izquierda, que los protegía de cualquier ataque a distancia, los soldados romanos clavaban el *gladius* en el abdomen de sus enemigos —un punto fatal— seguido de unos cuantos tajos cortos. Si se encontraban demasiado cerca del enemigo y tenían poco espacio para maniobrar, los legionarios cambiaban a su arma secundaria llamada *pugio*, una eficaz daga utilizada para realizar rápidas estocadas.

El ejército romano siempre prefirió enfrentarse frontalmente a sus enemigos en el campo de batalla, pero en ciertos casos, no les quedaba más remedio que formar una estrategia completamente diferente. Si sus enemigos decidían optar por la defensa y permanecer dentro de sus murallas fuertemente fortificadas, se aplicaba el hábil arte romano de la guerra de asedio. A menudo se utilizaban formidables torres de asedio para sitiar los asentamientos enemigos. Para derribar las torres fortificadas que rodeaban una ciudad, el ejército utilizaba una catapulta llamada onagro, que podía lanzar rocas circulares de hasta 80 kilogramos de peso. Otras armas de asedio, como la *carroballista* y el *escorpión*, se utilizaban por su gran precisión. En lugar de rocas y cantos rodados, estas dos balistas disparaban duros pernos de hierro que podían perforar fácilmente las armaduras. Para romper las murallas de las ciudades y astillar las puertas de madera, se utilizaban arietes, fabricados con maderos largos y pesados, y un frente metálico puntiagudo.

Tácticas y formaciones de batalla

Se cree que los romanos tomaron prestadas varias influencias de los griegos, incluidas las técnicas de guerra. Inicialmente, las tropas romanas estaban formadas por hoplitas armados con lanza y escudo. Durante una batalla, formaban un tipo de formación conocida como falange, que resultaba eficaz, especialmente contra las caballerías. Separados por menos de cincuenta centímetros (veinte pulgadas), los hoplitas entrelazaban sus escudos para protegerse y atacaban a los enemigos cercanos con sus largas lanzas.

Sin embargo, a pesar de la gran eficacia y movilidad de la falange, esta formación de batalla tenía un gran defecto: los flancos de la falange solían quedar expuestos. En el siglo III a. C. se introdujo una nueva unidad táctica, junto con diferentes formaciones. La unidad militar se conocía como manípulo. En una legión manipular, el ejército se dividía en tres unidades principales: *hastati*, que se componía de infantería pesada que portaba espada y *scutum*; *principes*, que eran soldados más experimentados que solían rondar la veintena; y *triarii*, los soldados más experimentados que solían tener riqueza suficiente para permitirse las mejores armaduras y armas. Estas unidades también contaban con el apoyo de unidades de caballería llamadas *equites* y *velites*, estas últimas formadas por soldados jóvenes y menos hábiles que normalmente se situaban en primera línea. Al comienzo de una batalla, los *velites* lanzaban sus jabalinas hacia los enemigos que se aproximaban antes de retirarse a la retaguardia, dejando paso al avance de los soldados más experimentados.

A finales del siglo II a. C., el ejército romano acogió un nuevo cambio en sus clases y formaciones. Las reformas marianas sustituyeron el sistema de manípulos y eliminaron por completo las clases militares, con lo que los soldados pasaron a estar igualmente entrenados y equipados. Estos soldados de infantería pesada se dividieron entonces en cohortes, una unidad de una legión romana. Una legión romana completa tenía entre 4.800 y 5.000 soldados debidamente equipados. Había diez cohortes dentro de una legión, y cada una de estas cohortes se dividía en seis centurias de ochenta hombres. Las centurias estaban dirigidas por centuriones, jefes militares nombrados por el emperador o el Senado, aunque sus compañeros también podían elegirlos. Las reformas marianas también cambiaron la forma en que los militares obtenían sus suministros. Los soldados ya no debían proveerse de sus propias armas y armaduras, ya que las reformas hacían recaer sobre los generales la responsabilidad de abastecerse.

Algunas de las formaciones de batalla más famosas utilizadas por las legiones romanas eran el cuadrado hueco y el testudo. El cuadrado hueco, a veces llamado cuadrado de infantería, se utilizaba a menudo contra la caballería. Los romanos se colocaban unos junto a otros, formando un cuadrado o, a veces, un rectángulo. Esta particular formación requería tiempo para formarse; sin embargo, una vez que los soldados estaban en posición, significaba la muerte segura para los soldados de caballería que se atrevían a cargar directamente contra ellos. El cuadrado hueco se utilizó contra la caballería parta en la batalla de Carras. Por desgracia, los partos iban un paso por delante de los romanos, ya que su uso continuado de flechas afectó enormemente a la formación, rompiendo la defensa de los romanos.

El ejército romano formando la formación testudo

El testudo, por otra parte, se utilizaba a menudo durante un asedio. Los romanos, con su pesado *scutum*, se alineaban para formar una formación compacta que se asemejaba al caparazón de una tortuga. El testudo ayudaba a las tropas romanas a protegerse de los ataques que les llegaban por arriba, por detrás y por delante. Los que se encontraban en la parte delantera de la formación sostenían sus escudos a la altura de los ojos, mientras que los de la retaguardia lo hacían sobre la cabeza para defenderse de las flechas o lanzas. Sin embargo, las tropas se movían lentamente en esta formación, ya que tenían que hacerlo al unísono. No obstante, el testudo fue utilizado por muchos comandantes, uno de ellos Marco Antonio, quien, según Casio Dio, ordenó a sus tropas una formación de testudo perfecta. Se dice que era tan fuerte que incluso un caballo podía cabalgar sobre él.

Premios militares y regalos honoríficos

Aparte de una paga estable y atractiva, los militares romanos disfrutaban de varios premios y regalos del emperador. Aunque estos premios se concedían en honor a su sacrificio y valentía, también se utilizaban para mantener la moral y la lealtad. El *hasta pura*, por ejemplo, era un tipo de condecoración militar que se otorgaba a los soldados distinguidos que habían demostrado su destreza durante su primera campaña. Con forma de lanza—aunque no era letal debido a la falta de hierro en su fabricación—, el *hasta pura* se entregaba normalmente al soldado elegido durante un triunfo y ante una multitud. Según Suetonio, el emperador Claudio entregó en una ocasión esta condecoración a su más leal partidario y magistrado de mayor rango en Roma, Tiberio Claudio Balbilo, tras salir victorioso de una misión en Britania.

Un par de *armillas* romanas en forma de serpiente
Walters Art Museum, Dominio público, vía Wikimedia Commons:
https://commons.wikimedia.org/wiki/File:Roman_-_Pair_of_Snake_Bracelets_-_Walters_57528,_57529_-_Group_(cropped).jpg

Otro tipo de condecoración militar popular en la antigua Roma era la *armilla*. Esta condecoración estaba estrictamente reservada a los soldados romanos por debajo del rango de centurión; los soldados no ciudadanos no podían optar a esta condecoración honorífica. Los galardonados recibían una especie de brazalete de bronce, plata u oro, dependiendo de su rango y estatus social. Estos brazaletes solo los llevaban los soldados condecorados durante los triunfos o cualquier ceremonia oficial que tuviera lugar en la Ciudad Eterna. La tradición de regalar brazaletes a los soldados comenzó a mediados del siglo III a. C., cuando los romanos estaban en guerra con los celtas. Los guerreros celtas de élite solían pisar el campo de batalla llevando collares y brazaletes de oro, símbolos de autoridad y prestigio. Así que, cuando el jefe galo fue finalmente derrotado, el general romano Tito Manlio Torcuato tomó el torque del jefe y se lo puso alrededor de su propio cuello. A partir de entonces, los soldados romanos recibieron torques como premio, a los que se añadieron brazaletes en los últimos años del imperio.

Durante una ceremonia oficial, se podía ver a algunos soldados romanos con una o varias insignias circulares sujetas a su armadura. Conocidas como *phalera*, que era sinónimo de medallas de premio, a menudo llevaban las imágenes del emperador gobernante o de las divinidades romanas, especialmente Júpiter y Marte. Como la mayoría de las condecoraciones militares romanas, las *phalera* eran de bronce, plata y oro, y podían concederse a soldados individuales o a toda la unidad. Si se concedía a una unidad, la medalla se fijaba a sus estandartes. A veces, los centuriones llevaban estas medallas en sus armaduras para inspirar a sus tropas.

Un conjunto de *phalera*

También se concedían coronas y guirnaldas como premios a los militares romanos. La condecoración más rara era la corona de hierba, que solo se concedía a generales y comandantes que habían salvado a sus legiones de una muerte segura en el campo de batalla. Presentada por el ejército al que había salvado, la corona de hierba, como su nombre indica, estaba hecha de hierba o plantas tomadas del campo de batalla. La corona castrense se entregaba al primer soldado que lograba penetrar en la base o campamento enemigo durante una batalla encarnizada. A veces conocida como la corona vallar, como parte de este premio, el soldado recibía una corona dorada con la singular forma de una empalizada (altas vallas hechas de estacas).

Aquellos que salvaban la vida de ciudadanos romanos, normalmente cuando una ciudad era asediada, podían optar a la corona cívica. Sin embargo, los ciudadanos salvados debían confirmar la valentía del soldado. Casi como la corona de hierba, la corona cívica no estaba hecha de oro, sino de hojas de roble, que luego se entretejían en una corona. La corona cívica era la segunda condecoración honorífica más importante de la antigua Roma. El escritor romano y comandante naval de principios del imperio Plinio el Viejo afirmaba que cuando una persona con una corona cívica en la cabeza acudía a los juegos romanos, todos, incluido el Senado, tenían que levantarse de sus asientos en señal de respeto.

Capítulo 9 - Estructura social y estatus

Habían pasado muchos años desde que el éxito de Augusto Cesar transformara la República romana en un poderoso imperio. Aunque el imperio se sumió en el caos tras el fallecimiento de su primer emperador, Roma alcanzó su máximo esplendor durante el reinado de los cinco buenos emperadores. Se lograron un gran número de victorias militares, se restauraron con éxito muchas estructuras de Roma y se mejoró enormemente la defensa del imperio. En esta época, la Roma imperial era considerada uno de los imperios más ricos y poderosos que existían. Sin embargo, a pesar del florecimiento del imperio, no todo el mundo tenía la oportunidad de vivir su vida en paz.

Incluso antes del reinado de Augusto, la ley romana consideraba ciudadanos romanos o *cives Romani* a los nacidos en Italia. A los nacidos fuera de Italia se los denominaba *peregrini*. Aunque la mayoría de los *peregrini* habitaban en el imperio en los siglos I y II de nuestra era, no se los consideraba ciudadanos y no tenían los mismos derechos que los ciudadanos romanos. En derecho penal, por ejemplo, un *peregrini* que se hubiera visto envuelto en algún tipo de delito grave podía ser torturado durante los interrogatorios oficiales, mientras que los ciudadanos romanos estaban exentos de tan mal trato. De hecho, los ciudadanos podían incluso insistir en un juicio y optar por apelar su sentencia penal, ya fuera de cárcel o de pena de muerte.

Los *peregrini* también estaban sujetos a un impuesto anual, *tributum capitis*, mientras que los ciudadanos romanos estaban exentos de él. Dado que alistarse en el ejército era una de las pocas formas de obtener riqueza —si se sobrevivía a los veinticinco años de servicio—, muchos se unían a las filas sin dudarlo. Mientras que los ciudadanos podían alistarse y entrenarse como legionarios, un *peregrinus* tenía restringida esta posibilidad. Solo se les permitía alistarse como auxiliares, que ofrecían una paga escasa en comparación con la de los legionarios. Sin embargo, tanto ellos como sus hijos podían obtener la ciudadanía si sobrevivían al periodo de servicio.

En 212, el emperador romano Caracalla promulgó la *Constitutio Antoniniana*, un edicto que concedía la ciudadanía a todos los hombres y mujeres libres del imperio. Ya no tenían que sufrir un trato diferente al de los ciudadanos romanos. Sin embargo, no tardaron en darse cuenta de que la vida como ciudadano romano no siempre era color rosa, ya que la estructura social del imperio se basaba estrictamente en cuatro aspectos principales: la herencia, la libertad, la propiedad y la riqueza.

Al igual que muchos otros imperios y reinos del mundo antiguo, la estructura social de la Roma imperial se basaba en un sistema jerárquico. En la cúspide de la jerarquía se encontraba nada menos que el emperador. Como persona en la cúspide de la pirámide social, tenía la máxima autoridad sobre todos los asuntos del imperio y llevaba una vida fastuosa. En tiempos de paz, se alojaba en la mejor morada de la colina del Palatino. Augusto estableció su propio palacio en esta misma colina, seguido de Tiberio, que supervisó algunos enormes proyectos de expansión. No fue hasta el año 81 d. C., durante el mandato del emperador Domiciano, cuando la colina del Palatino se cerró, separando el palacio imperial del resto de los ciudadanos.

La riqueza de un emperador se volcaba no solo en la construcción de palacios, templos y estatuas, sino también en fastuosos banquetes y fiestas. Aunque las fuentes afirman que algunos emperadores, como Augusto, Aurelio, Adriano y Trajano, nunca promovieron las cenas excesivas y preferían ceñirse a modestos banquetes, otros gobernantes nunca dudaron en darse el gusto de disfrutar solo de las mejores comidas y vinos. Se cree que Marco Gavio Apicio, un epicúreo romano, sirvió a los hijos de Tiberio ruiseñores glaseados con miel y rellenos de ciruelas pasas.

Los emperadores romanos solían vestir una toga púrpura para distinguirse de sus subordinados y súbditos, una tradición que inició Julio Cesar. Es posible que tomara la idea de los antiguos reyes etruscos. La abundancia de riqueza y poder de los emperadores romanos tenía un precio: su posición en la cima de la estructura social casi nunca estaba perfectamente asegurada, y los asesinatos y las conspiraciones casi siempre estaban a la orden.

No obstante, los emperadores contaban con el apoyo de las clases dirigentes: los senadores y los patricios. Situados en la cúspide de la jerarquía —justo por debajo del emperador gobernante—, ambos solían ser ricos terratenientes y líderes de las líneas familiares más poderosas y antiguas de Roma. Los patricios (traducidos simplemente como «padres») eran quienes ostentaban el poder sobre la esfera política, los asuntos religiosos y el liderazgo militar de Roma. También se les concedían muchos privilegios en comparación con el resto de las clases sociales. Por ejemplo, los patricios estaban exentos de ciertas tareas militares que normalmente realizaban los ciudadanos comunes. Solo los senadores y los patricios podían llegar a ser emperadores.

Con tales privilegios y poder, se esperaba que los patricios tuvieran un alto nivel educativo. Los jóvenes eran instruidos por tutores privados en una amplia gama de materias y campos, desde la historia a la geografía, la literatura y la poesía. Algunos incluso tenían la oportunidad de dominar diferentes idiomas, incluido el griego. Es probable que las niñas ricas recibieran más educación que las plebeyas. Como la mayoría de los hombres iban a hacer carrera en el duro mundo político de Roma, a los jóvenes patricios se les enseñaba el arte de la oratoria y el derecho. Pero, al igual que los emperadores romanos, la vida de un patricio no era sencilla; eran ellos quienes a menudo se veían envueltos en intrigas palaciegas.

Justo debajo de los patricios había otra clase social de alto rango conocida como los ecuestres, responsables de que el imperio nunca dejara de crecer. Como su nombre indica, los ecuestres formaban la caballería romana. Al principio, uno podía ser considerado ecuestre si era lo bastante rico como para poseer un caballo. Sin embargo, con el paso del tiempo, un ecuestre debía valer al menos 400.000 sestercios.

Debido a la *Lex Claudia*, una ley romana aprobada en 218 a. C. que prohibía a los senadores participar en funciones comerciales, los ecuestres solían dedicarse al comercio y los negocios. Los ecuestres también gozaban de varios privilegios, aunque no eran tan amplios como los de los patricios y senadores. Si un ecuestre ganaba suficiente riqueza a lo largo de su carrera, podía ascender al siguiente rango y convertirse en senador. Los que pertenecían a la clase ecuestre podían vestir una túnica decorada con un *clavus*, un conjunto de franjas verticales de color púrpura que iban desde la parte superior de los hombros hasta la pierna. Las franjas eran, por supuesto, más finas que las que llevaban los senadores para distinguir su rango.

A medida que su número aumentaba hasta el punto de superar al de los senadores, Augusto empezó a darse cuenta de su importancia. Reorganizó a los ecuestres en una clase militar y les dio más cargos en el gobierno. Aquellos que mostraban un gran potencial mientras servían en el ejército tenían la oportunidad de ascender a prefecto, administrador del gobierno o incluso procurador o gobernador imperial.

Descendiendo en la jerarquía, encontramos a los plebeyos, que constituían la mayoría de los ciudadanos romanos. Estos trabajadores, entre los que había agricultores, artesanos, panaderos y herreros, no eran ni ricos ni pobres. Los historiadores sugieren que la mayoría de los plebeyos eran analfabetos en comparación con las élites, que tenían fácil acceso a la educación. La mayoría de los plebeyos vivían sus vidas con el simple objetivo de ganar suficiente dinero para pagar los impuestos y mantener a sus familias. Aquellos lo bastante ambiciosos como para ascender en la pirámide social trabajaban duro para ahorrar dinero y ocupar su lugar entre los ecuestres. A pesar de carecer de poder en la política y en los asuntos oficiales del gobierno, los plebeyos podían convertirse en una amenaza para las élites cuando se producían casos de injusticia. Incluso Augusto era consciente del peligro que representaban los plebeyos, por lo que siempre se aseguraba de que los plebeyos estuvieran bien alimentados y razonablemente entretenidos.

En la base de la estructura social romana se encontraban los esclavos. Los romanos obtenían a sus esclavos de diversas maneras. Dado que la esclavitud romana no se basaba en la raza, los prisioneros de guerra, los enemigos capturados y los desafortunados vendidos por piratas eran las fuentes más comunes de esclavos. También se daban muchos casos de padres pobres que se veían obligados a vender a sus hijos como esclavos para que pudieran vivir un día más.

Representación de un mercado de esclavos en la antigua Roma
https://commons.wikimedia.org/wiki/File:Jean-L%C3%A9on_G%C3%A9r%C3%B4me_004.jpg

Como en todas las formas de esclavitud del mundo, los esclavos carecían de derechos personales y sus días estaban llenos de obstáculos. Una vez comprados, pasaban a ser propiedad de sus dueños. Un pequeño error y podían enfrentarse a varios castigos severos. Las palizas no eran inusuales, y todos los esclavos conocían los crueles insultos que les lanzaban a la cara cada día. Además, sus dueños podían matarlos en cualquier momento sin preocuparse de ser perseguidos por la justicia romana.

Mosaico romano que representa a dos esclavos con sus ropas típicas llevando vino
Pascal Radigue, CC BY 3.0 <https://creativecommons.org/licenses/by/3.0>, vía Wikimedia Commons: https://commons.wikimedia.org/wiki/File:Mosaique_echansons_Bardo.jpg

El trabajo nunca terminaba para los esclavos, y sus dueños podían enviarlos a diversos lugares. Algunos trabajaban en casas particulares, donde sus principales responsabilidades eran cuidar de los hijos de sus dueños, mientras que otros eran enviados a minas, fábricas o granjas. Muchos también trabajaban para completar todo tipo de proyectos de construcción en todo el imperio; construían largos tramos de carreteras para el ejército, así como pavimentos, acueductos, sistemas de alcantarillado, estatuas y otras estructuras. Un gran número de ellos —normalmente los que habían sido prisioneros de guerra— fueron obligados a luchar hasta la muerte en los juegos de gladiadores.

Sin embargo, los esclavos podían obtener la libertad. Los que tenían la suerte de ser comprados por propietarios bondadosos eran liberados a veces tras varios años de leal servicio. Los menos afortunados tenían que recurrir a la manumisión. Una vez que los esclavos ganaban suficientes ahorros, podían comprar su libertad. A los esclavos liberados se les concedía la ciudadanía y se les permitía trabajar en los mismos empleos que los plebeyos. Se cree que el padre del famoso poeta romano Horacio era un liberto que había comprado su libertad después de haber estado esclavizado durante varios largos años. Los libertos y las libertas adquirían derechos personales y solo se les prohibía ocupar cargos oficiales en el gobierno. Sin embargo, a los hijos de los libertos se les aplicaba una ley diferente: se les permitía ascender en el escalafón y ocupar cargos.

El papel de la mujer en el Imperio romano

Los historiadores creían que las mujeres del antiguo Egipto tenían en general los mismos derechos y normas que los hombres; no solo se les permitía tener sus propios negocios, sino que las mujeres gobernantes también eran comunes en Egipto. Los griegos, en cambio, tenían opiniones diferentes. Las mujeres de la antigua Grecia rara vez gozaban de privilegios y estaban confinadas al hogar. Pero, ¿qué ocurría con el papel de la mujer en el Imperio romano? ¿Llegaban a vivir al mismo nivel que los hombres, o tenían que soportar un trato diferente y tal vez injusticias?

Cabe suponer que ambos sexos recibían un trato diferente. El matrimonio era uno de los aspectos más importantes de la vida de una mujer romana. Era habitual que las muchachas se casaran con el hombre elegido por su padre a una edad temprana: algunas debían contraer matrimonio en cuanto llegaban a la pubertad, pero la mayoría se casaba a los veinte años. Una vez que la mujer tenía su propia familia, su principal responsabilidad era ocuparse de la casa y de los niños. Pero no siempre era así en el caso de las mujeres de clase alta. Las elites solían dejar a sus hijos al cuidado de sirvientas o cuidadoras contratadas. Con sus hijos libres durante el día, las mujeres de la élite dedicaban su tiempo a estudiar filosofía o literatura. Las mujeres de todas las clases podían ir al teatro, a los baños públicos, a las carreras y a los juegos de gladiadores. Algunas incluso se convertían en gladiadoras y competían en la arena.

A los ojos de los romanos, las mujeres eran consideradas totalmente dependientes de sus maridos o del líder masculino de sus familias. Cicerón consideraba que las mujeres tenían poco juicio en comparación con los hombres. Sugirió que se les impusieran restricciones a la hora de administrar sus bienes. Pero, para su decepción, la sugerencia no fue legalizada. Aunque algunos hombres estaban de acuerdo con el punto de vista de Cicerón, la ley romana establecía que los padres podían distribuir las propiedades entre sus hijos e hijas de forma equitativa. Esto explica por qué a veces se podían encontrar mujeres que tenían sus propias haciendas y negocios.

El mundo político romano estaba totalmente reservado a los hombres. Independientemente de su posición social, las mujeres no podían votar ni expresar su opinión en las asambleas políticas. Sin embargo, algunas mujeres eran lo bastante astutas como para hacer valer su influencia de forma indirecta. Las madres expresaban sus intereses sobre un determinado asunto político a través de sus hijos. Esto puede observarse durante los reinados de algunos emperadores. Por ejemplo, se dice que la madre de Tiberio controlaba sus decisiones hasta que finalmente él la apartó de su vida. Algunos creen que el emperador cuartelario Severo Alejandro estuvo muy influenciado por las ideas de su madre, lo que finalmente condujo a su desaparición.

Representación de principios del siglo XVIII de la dedicación de una virgen vestal
https://commons.wikimedia.org/wiki/File:Alessandro_Marchesini_-_Dedication_of_a_New_Vestal_Virgin_-_WGA14054.jpg

Quizá el cargo más estimado que podía ocupar una mujer en el imperio era el de sacerdotisa de Vesta, conocida como la virgen vestal. Sin embargo, el papel no era voluntario; tenían que ser elegidas de una familia de alta alcurnia. Una vez elegida la muchacha (eran escogidas a la edad de entre seis y doce años) por el sacerdote principal, la sacerdotisa debía permanecer casta durante al menos treinta años. Para poder dedicarse por completo a Vesta, la diosa del hogar, la sacerdotisa se separaba de su familia y se independizaba legalmente. También debía mudarse de su hogar familiar a la Casa de las Vírgenes Vestales, que estaba junto al templo sagrado. Después de treinta años de servir a la diosa con su castidad, estas mujeres acababan teniendo riqueza suficiente para el resto de sus vidas. Aunque eran libres de casarse una vez liberadas del sacerdocio, muchas optaron por seguir siendo independientes.

Capítulo 10 - Arte y arquitectura

Las campañas militares, la guerra y los asesinatos podían resultar familiares al antiguo mundo romano. Pero aparte de las continuas escaramuzas y conspiraciones, los romanos eran conocidos por su exquisita arquitectura y su compleja ingeniería. Tomemos como ejemplo los acueductos romanos. Los historiadores creen que los romanos empezaron a construir sistemas de acueductos ya en el año 312 a. C. Utilizando la gravedad y las pendientes naturales, los acueductos solían transportar agua dulce desde lagos o manantiales naturales. Los romanos utilizaban el agua limpia para diversos fines: beber, cultivar, explotar minas y abastecer los numerosos baños públicos, fuentes e incluso letrinas diseminados por las populosas ciudades romanas.

Los emperadores romanos solían encargar estos acueductos con arcos de piedra para mejorar la vida de los ciudadanos. Cada estructura tenía su propio diseño, zona de procedencia y la calidad del agua. Los arqueólogos afirman que, en el siglo III d. C., solo la ciudad de Roma contaba con once acueductos en total, que suministraban agua potable a más de noventa kilómetros de distancia. Algunos de estos antiguos acueductos han sobrevivido para que podamos maravillarnos hoy en día, como el Aqua Virgo, construido durante el reinado de Augusto y que actualmente se utiliza para abastecer la mundialmente famosa Fontana di Trevi.

El Foro Romano

Se cree que la Ciudad Eterna abrazaba siete colinas diferentes dentro de sus antiguas murallas. Dos de las más populares eran la colina Capitolina y el monte Palatino. Mientras que este último pasó a la historia como el «núcleo del Imperio romano», la Colina Capitolina se consideraba el lugar más sagrado de Roma. En la cima de la colina encantada, que también era conocida como *Mons Saturnius*, se encontraba el Templo de Júpiter. Aunque el templo se ha perdido para siempre en la historia, en su día fue considerado el templo romano más importante. Construido en el año 509 a. C. en honor a Júpiter —el equivalente romano de Zeus—, el templo se enfrentó a numerosos episodios destructivos. Fue continuamente restaurado y reconstruido por los emperadores romanos hasta que un terrible ataque de los vándalos a mediados del siglo V a. C. lo destruyó definitivamente.

Plano del Foro Romano
https://commons.wikimedia.org/wiki/File:Platner-forum-republic-96_recontructed_color.jpg

A unos 40 metros por debajo de las dos colinas se encontraba el Foro Romano. Como un enorme lago ocupaba la mayor parte del recinto, los romanos no tuvieron más remedio que drenar el agua antes de empezar a construir. Utilizando un sistema de alcantarillado subterráneo llamado *Cloaca Maxima*, el agua fue desviada a un río cercano. Al principio, la zona se acondicionó como mercado, pero con el paso del tiempo se iniciaron varios proyectos de construcción masiva que convirtieron el valle en el centro de la Ciudad Eterna.

En aquellos tiempos, el Foro Romano casi nunca dormía; estaba constantemente lleno de ciudadanos romanos que llevaban a cabo tanto negocios formales como asuntos religiosos. La Basílica Julia, construida para conmemorar a Julio Cesar, era una de las estructuras más prominentes del Foro. Se utilizaba principalmente como tribunal de justicia, pero cuando el cristianismo se convirtió en la religión oficial del imperio, la basílica actuó como una importante iglesia. El Templo de Vesta, que albergaba el fuego sagrado de la diosa del hogar, Vesta, también se encontraba en el Foro.

Restos del antiguo Foro Romano
BeBo86, CC BY-SA 3.0 <https://creativecommons.org/licenses/by-sa/3.0>, vía Wikimedia Commons: https://commons.wikimedia.org/wiki/File:Forum_romanum_6k_(5760x2097).jpg

Además de sus templos, columnas y estatuas de emperadores, los romanos también eran conocidos por sus arcos de triunfo. Si bien el arco triunfal más antiguo es el Arco de Augusto, el Arco Triunfal de Septimio Severo es quizás el más intrincado y complejo. Este triple arco triunfal, que sigue en pie a pesar de los graves daños sufridos, se erigió para conmemorar la victoria de los romanos sobre Partia en el siglo II de nuestra era. Ciertas escenas de la exitosa campaña militar se representaron en los paneles en relieve, junto con columnas ornamentadas y esculturas de dioses antiguos, especialmente Marte, que ocupan el resto del arco.

El Coliseo, el mayor anfiteatro del Imperio romano

El Coliseo romano es una estructura notable, no solo durante la Antigüedad, sino también en los tiempos modernos. Hoy en día, el anfiteatro, parcialmente destruido, sigue siendo un espectáculo para la vista, pero en aquella época, esta espectacular estructura se construyó no solo para impresionar, sino también para celebrar sangrientos y despiadados acontecimientos: los juegos de gladiadores.

El plan para construir el enorme anfiteatro se trazó por primera vez en torno al año 70 de la era cristiana. Sin embargo, el emperador Vespasiano no llegó a ver la estructura terminada, ya que murió varios años después. El proyecto fue continuado por el emperador Tito y, en el año 80 d. C., el Coliseo se abrió finalmente al público. Conocido entonces como el Anfiteatro Flavio, Tito anunció cien días de juegos cuando se inauguró el anfiteatro. Gladiadores y luchas de animales salvajes fueron algunos de los juegos que se celebraron, manteniendo a los ciudadanos romanos muy entretenidos.

La construcción de semejante estructura de piedra requirió muchos planes, cálculos complicados y, por supuesto, trabajo. Su ubicación, por ejemplo, se eligió por una razón. El Coliseo se construyó al este del Foro Romano, justo en el emplazamiento del palacio dorado de Nerón: el mismo palacio que este se había construido tras confiscar las propiedades de muchos ciudadanos romanos. Vespasiano, que pretendía revertir el daño que Nerón y sus sucesores habían hecho unas décadas atrás, eligió a propósito el emplazamiento del palacio de Nerón y encargó la construcción del Coliseo como regalo a su pueblo.

El mundialmente famoso Coliseo romano

El icónico anfiteatro fue cuidadosamente diseñado por arquitectos, ingenieros y artistas romanos profesionales, pero el pesado trabajo de construcción fue realizado en su mayor parte por esclavos judíos; se cree que al menos veinte mil de ellos (si no más) participaron en la construcción de la enorme estructura. El principal material de construcción, las piedras de travertino, solo podían extraerse en Albulae, un lugar que se cree que estaba situado cerca de la actual Tívoli. El transporte de las piedras era sin duda un problema debido a la distancia, por lo que se construyeron nuevas carreteras desde la cantera hasta el lugar de construcción. Se dice que en los 8 años que duró la construcción se transportaron más de 200.000 carros llenos de piedras de travertino.

Aparte de su tamaño —algunas fuentes afirman que el tamaño total del Coliseo era de unos 190 por 155 metros— las características más destacadas eran sus columnas y entradas arqueadas. La estructura constaba de tres pisos y ochenta entradas arqueadas, totalmente sostenidas por impresionantes columnas semicirculares. Las columnas variaban según el piso. El primer piso tenía columnas dóricas sencillas. El segundo piso tenía columnas jónicas, mientras que el tercero presentaba un conjunto de ornamentadas columnas corintias. En su interior, el Coliseo podía albergar hasta cincuenta mil espectadores. Sin embargo, es posible que los asientos se dispusieran en función de la clase social.

El anfiteatro se utilizó durante casi cuatro siglos. Más tarde, cuando se puso fin a las luchas de gladiadores y otras formas de entretenimiento de la Antigüedad —especialmente cuando el Imperio romano de Occidente estaba a punto de derrumbarse—, la estructura se abandonó y sus materiales se extrajeron para nuevos proyectos de construcción. Debido a una serie de catástrofes naturales que asolaron el imperio y a la erosión del tiempo, hoy solo se conserva un tercio del Coliseo.

Las termas romanas

Con el fin de proporcionar entretenimiento al pueblo, los emperadores romanos encargaron la construcción de unas termas públicas. Los historiadores sugieren que esta idea se originó cuando los romanos visitaron las ciudades de los antiguos griegos. Los romanos eran conocidos por asimilar los estilos arquitectónicos de los griegos, por lo que no es de extrañar que decidieran crear un baño público en cada ciudad romana del imperio. Construidos normalmente cerca del foro de las ciudades romanas, los romanos ampliaron el concepto de estos baños públicos para incluir varias otras instalaciones. Mientras que los griegos solo tenían baños de cadera, los romanos incluían un conjunto de vestuarios llamados *apodyterium*, una sala de ejercicios o gimnasio, una piscina al aire libre denominada *natatio*, salas de masaje y muchas otras cosas. También había fuentes, jardines, bibliotecas y salas de conferencias.

Los romanos acudían en masa a estos baños, sobre todo desde el mediodía hasta el atardecer. Todo el mundo podía acudir a las termas, independientemente de su estatus social. Los esclavos solían entrar si sus dueños decidían llevarlos; normalmente se encargaban de transportar las pertenencias de sus dueños, desde la ropa de baño hasta las toallas de lino, las sandalias y otros enseres. Mientras que la entrada a otras formas de entretenimiento en Roma, como los juegos de gladiadores, era gratuita, los romanos tenían que pagar una entrada para utilizar los baños públicos. Sin embargo, el precio era tan bajo que incluso los ciudadanos más pobres podían permitírselo. Los eruditos afirman que, en tiempos de Diocleciano, la entrada a los baños públicos costaba solo dos denarios. La entrada a los baños era gratuita durante los días festivos o cualquier otra festividad importante.

Marco Vipsanio Agripa, mano derecha y amigo íntimo de Augusto, fue el responsable de la construcción de las primeras termas públicas, o *thermae,* de Roma. Se terminaron ya en el año 25 a. C., y las aguas de las termas se suministraban a través del acueducto Aqua Virgo, que se cree que se construyó principalmente para las termas. Otros ejemplos destacados de termas romanas fueron las Lepcis Magna, las Termas de Diocleciano en el corazón de Roma, las Termas Antoninas y las Termas de Caracalla en el sur de Roma. Estas últimas están consideradas por historiadores y arqueólogos como las termas romanas mejor conservadas de la historia.

Construidas en torno al siglo III d. C., las Termas de Caracalla fueron consideradas las termas romanas más lujosas que han existido, no solo en la Antigüedad, sino también en la actualidad. Se dice que todo el complejo se construyó con casi 7 millones de ladrillos y constaba de más de 250 columnas interiores. Su tamaño era tal que podía acoger hasta ocho mil visitantes al día. Dos suntuosas bibliotecas, un molino de agua, un gimnasio, una piscina olímpica, fuentes de dos metros de largo y una cascada eran algunos de los elementos más destacados de las Termas de Caracalla.

Ilustración de las otrora gloriosas Termas de Caracalla

En la época de esplendor de los baños, uno podía mirar a su alrededor y encontrar exquisito mármol y granito adornando cada centímetro de las paredes. Partes del techo eran de mosaico de vidrio finamente trabajado, que creaba patrones iridiscentes únicos de la piscina cuando la luz se reflejaba en ciertos ángulos. Dos de las tres cámaras principales de las termas, el *frigidarium* y el *tepidarium*, estaban separadas por el gran vestíbulo, con techos abovedados, una característica que influyó en la mayoría de las iglesias medievales. En el siglo V d. C., las Termas de Caracalla se ganaron su puesto como una de las siete maravillas de Roma. Sin embargo, décadas más tarde, las termas fueron abandonadas debido a los ataques a Roma. Finalmente, cayeron en desuso en el siglo VII, y la mayor parte del complejo quedó destruida cuando un terremoto sacudió la ciudad en 847.

Arte y escultura romanos

Aparte de la pintura de figuras, las esculturas se consideraban la forma más elevada de arte a los ojos de los romanos imperiales. Al igual que muchos de los estilos arquitectónicos del imperio, cabe suponer que el arte griego ejerció una poderosa influencia sobre los romanos, ya que muchas de las pinturas y esculturas del imperio presentaban rasgos evidentes que solo eran visibles en la antigua Grecia. Los romanos eran conocidos por su afición a las esculturas de estilo griego y encargaron muchas versiones en mármol de obras griegas populares, como el *Doryphoros*. Se cree que el *Doryphoros* original era de bronce, pero se perdió en el siglo V a. C. Gracias a los romanos, se conservaron algunas copias en mármol de esta conocida escultura griega, lo que nos permite hacernos una idea del aspecto del original.

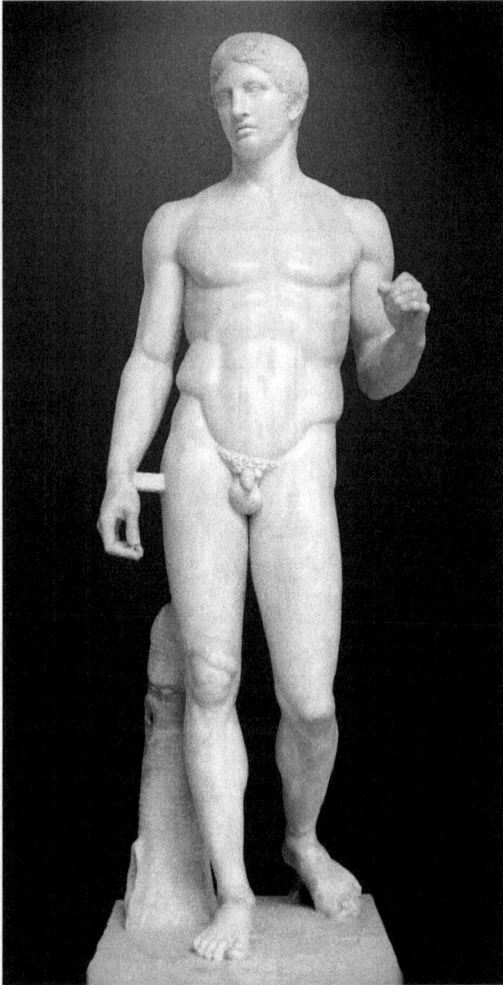

Copia del *Doryphoros* de época romana en buen estado de conservación
Museo Arqueológico Nacional de Nápoles, CC BY 2.5
<*https://creativecommons.org/licenses/by/2.5*>, *vía Wikimedia Commons:*
https://commons.wikimedia.org/wiki/File:Doryphoros_MAN_Napoli_Inv6011-2.jpg

Incluso los historiadores coinciden en que Augusto y el resto de emperadores de la dinastía Julio-Claudia eran aficionados al arte griego clásico. El mejor ejemplo de escultura romana podría ser el *Augusto de Prima Porta*, encargado al final de la larga vida del emperador. Aunque Augusto tenía setenta y cinco años cuando murió, la bella escultura representa una versión más joven de él, cuando llevó al imperio a su máxima gloria.

El emperador Adriano, amante de todo lo griego, coleccionó en su villa copias de los mosaicos griegos más famosos. La *Batalla de los centauros y las fieras*, del pintor griego Zeuxis, era una de sus muchas posesiones preciadas.

Augusto de Prima Porta con una representación de Cupido junto a su pierna derecha
https://commons.wikimedia.org/wiki/File:Statue-Augustus.jpg

Con el paso de los años, el arte romano se alejó del estilo clásico de inspiración griega y dio la bienvenida al arte de la Antigüedad tardía. A diferencia de las esculturas realistas del periodo clásico, las artes producidas durante esta época eran rígidas y menos realistas. Esto puede apreciarse en los paneles en relieve de los arcos triunfales del Imperio romano tardío, como el Arco de Septimio Severo o el Arco de Constantino en Roma. Esta forma de arte solía presentar líneas profundas y llenas, con la figura más importante de mayor tamaño en comparación con las demás. A pesar de sus diferencias con el estilo artístico anterior y de la falta de naturalismo, esta forma de arte siguió siendo muy utilizada durante el reinado de Constantino y sus sucesores.

Relieve de guerra en el Arco de Septimio Severo, un gran ejemplo del arte romano de la Antigüedad tardía

Capítulo 11 - Vida cotidiana y costumbres

Era un día casi como cualquier otro; un compatriota romano, que no pertenecía ni a una familia aristocrática ni a los ricos, se había levantado de un corto sueño y se preparaba para otra jornada agotadora. Vestido con su sencilla túnica, el hombre caminaba por las estrechas calles de la antigua ciudad romana hasta las orillas del Mediterráneo, donde embarcaría en su barca y pasaría el resto del día en medio de la nada, rodeado por las profundidades marinas. Aunque la pesca no era una de las principales actividades del Imperio romano, este hombre no era el típico pescador que se pasaba el día bajo el sol esperando a que los salmonetes picaran el anzuelo. En su lugar, cosechaba caracoles recogidos en trampas que había instalado en flotadores unos días antes. Los caracoles eran *Hexaplex trunculus*, comúnmente conocidos como murex de tinte en banda, y utilizados para producir tinte púrpura para las togas del emperador.

Utilizando técnicas descubiertas por los fenicios, el hombre aplastaba estos caracoles puntiagudos una vez que había recogido suficientes —se necesitaban al menos diez mil para producir un gramo de tinte— y los dejaba al sol para que se oxidaran. A continuación, los caracoles se hervían en cubas de hojalata durante unos días, llenando el aire de un olor desagradable. Producir este tinte llevaba mucho tiempo y requería mucha mano de obra y experiencia, por lo que era extremadamente valioso.

Cuando el cielo se oscurecía, el hombre regresaba a la orilla y emprendía el camino de vuelta a casa. La estrecha calle, antes tranquila durante el día, estaba ahora llena de todo tipo de ruidos que impedían dormir por la noche. A diferencia de los que tenían mucha riqueza, el hombre vivía en una *insulae*, un edificio de apartamentos de tres a siete pisos de altura, a veces incluso más. Las *insulaes*, construidas normalmente para dar cobijo, sobre todo a los que no andaban sobrados de riquezas, eran conocidas por su mala construcción, a pesar de disponer de agua corriente y saneamiento.

A los inquilinos se les cobraba una cierta cantidad de dinero, que se pagaba anual o semanalmente, dependiendo de los espacios y habitaciones que ocuparan. La planta baja, que se pagaba anualmente, solía ser más espaciosa y contaba con varias habitaciones para distintas actividades, como comer y dormir. Los espacios de los pisos superiores eran mucho más reducidos y no tenían muchas ventanas. Cabe suponer que, incluso en la Antigüedad, nadie diría que una *insulae* era el mejor lugar para alojarse. La seguridad no estaba garantizada y las habitaciones solían ser demasiado calurosas en verano y demasiado frías al llegar el invierno.

Sin embargo, las *insulaes* se encontraban sobre todo en Roma, el corazón del propio imperio. En el año 150 a. C., la ciudad ya contaba con más de cuarenta y seis mil *insulaes* construidas para sus ciudadanos. Esto se debía a la escasez de espacio y de terreno en Roma, lo que dificultaba a la ciudad albergar a la creciente población; el imperio ya había alcanzado al menos los cuarenta y cinco millones (algunos expertos creen que sesenta millones) en el reinado de Augusto. Sin embargo, con el ladrillo, la madera y, más tarde, el hormigón romano como principales materiales de construcción de las *insulaes*, estas eran susceptibles de sufrir incendios y derrumbamientos. Dadas las oscuras, estrechas y rotas calzadas que conducían a estos apartamentos, cualquier tipo de ayuda o socorro de emergencia no habría podido llegar a tiempo en caso de producirse alguna situación catastrófica. Estas vías fueron reconstruidas y ensanchadas bajo el reinado del emperador Nerón tras los sucesos del gran incendio de Roma, que quemó dos tercios de la ciudad.

Insulaes supervivientes en la ciudad portuaria romana de Ostia
iessi, CC BY 2.0 <https://creativecommons.org/licenses/by/2.0>, vía Wikimedia Commons:
https://commons.wikimedia.org/wiki/File:Ostia_Antica-strada01-modified.jpg

Mientras los plebeyos vivían hacinados en las *insulaes*, fácilmente destruibles, los ricos se acomodaban en un tipo de casa adosada llamada *domus*. A diferencia de las *insulaes*, que albergaban a varias familias en varios pisos, la *domus* romana estaba habitada por una sola familia. El tamaño de una *domus* variaba: algunas personas vivían en una casa muy pequeña pero segura y cómoda, mientras que otras vivían en mansiones enormes y lujosas. Sin embargo, lo que tenían en común era su ubicación: se construían cerca de edificios importantes y daban a las calles más transitadas para garantizar tanto la seguridad como la privacidad.

El atrio de una *domus* romana
https://commons.wikimedia.org/wiki/File:Atrium_interior.jpg

A diferencia de las ruinosas *insulaes*, que estaban bastante confinadas y carecían de iluminación natural, las *domus* contaban con al menos cinco espacios y habitaciones diferentes, cada una de ellas con paredes bellamente pintadas. Patios interiores, jardines, dormitorios, un comedor, baños privados y una cocina eran los espacios más comunes en una *domus*, aunque algunas contaban con un despacho con su propia biblioteca. La parte más importante de esta lujosa casa era el atrio, que albergaba un altar o la estatua de un dios venerado por la familia. Mientras que el resto del atrio solía estar cubierto por pórticos de techos altos, el centro se dejaba abierto para dejar pasar el agua de lluvia al *impluvium*, una piscina o cuenca diseñada para recoger el agua. Se situaba bajo la abertura del tejado.

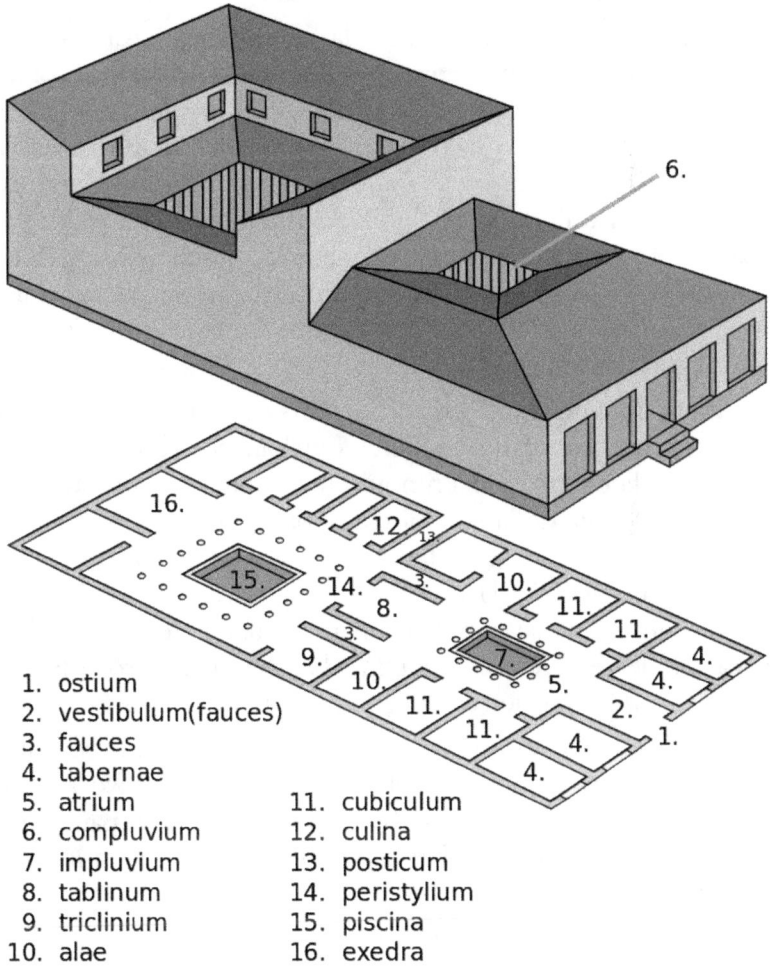

1. ostium
2. vestibulum(fauces)
3. fauces
4. tabernae
5. atrium
6. compluvium
7. impluvium
8. tablinum
9. triclinium
10. alae

11. cubiculum
12. culina
13. posticum
14. peristylium
15. piscina
16. exedra

Esquema de una *domus*

Bodas, costumbres familiares y tradición

La mayoría de los matrimonios en la antigua Roma no comenzaban con una relación romántica. Se concertaban entre dos familias. Los padres con un hijo que acababa de entrar en la veintena buscaban a una mujer de su elección, aunque normalmente era una adolescente. Una vez encontrada la pareja perfecta, esta debía cumplir una serie de requisitos establecidos por la ley antes de proceder a la ceremonia nupcial.

En los primeros años de la República romana, estaba terminantemente prohibido que los esclavos liberados contrajeran matrimonio con ciudadanos romanos, pero el primer emperador romano, Augusto, levantó la restricción. Una de sus reformas, la *Lex Julia*, permitía a los esclavos liberados casarse con cualquiera, excepto con senadores. También se prohibía a los ciudadanos casarse con sus parientes cercanos, prostitutas y actores (estas dos profesiones pertenecían a la clase más baja). Siempre que se cumplieran estas normas, se concedía a la pareja un permiso llamado *conubium*, que les permitía seguir adelante con la boda.

Las ceremonias de boda podían celebrarse en cualquier momento del año, pero la mayoría de los romanos optaban por casarse en junio, en honor a Juno, la diosa del matrimonio (junio lleva su nombre). Cuando por fin llegaba el día de la ceremonia nupcial, el novio encabezaba una procesión hasta la casa de la familia de la novia, a la que seguía un intercambio de regalos y la dote de la novia. Los novios firmaban un documento en el que se comprometían mutuamente y lo sellaban con un beso. La alegre ceremonia continuaba con un generoso banquete y otra procesión de los recién casados hasta su nuevo hogar.

Comparativamente, el proceso de divorcio era bastante sencillo. Una pareja que ya no coincidía solo tenía que declarar su divorcio, aunque algunas fuentes sugieren que debían hacerlo en compañía de siete testigos. Una vez divorciados, había que devolver la dote a la ex esposa para que pudiera empezar una nueva vida o volver a casarse. Los hijos quedaban bajo la custodia del padre.

La antigua Roma era, sin duda, un mundo de hombres; los hombres dominaban todos los asuntos del imperio, tanto si se trataba de política como de asuntos familiares. En un hogar romano, al marido o jefe de la familia se lo llamaba *paterfamilias*, que significa «padre de familia». Para decirlo en palabras sencillas, el *paterfamilias* ostentaba el poder absoluto en su hogar y podía decidir sobre un asunto sin cuestionarlo. Un padre podía repudiar a su hijo sin importar el motivo. Los de corazón frío mataban a sus hijos si no les caían bien, mientras que los que no eran tan brutales vendían a sus vástagos como esclavos. Esto no solo se aplicaba a los hijos adultos, sino también a los recién nacidos. Cuando una mujer daba a luz, la comadrona colocaba al recién nacido en el suelo. El padre se acercaba y recogía al recién nacido si quería aceptarlo, mientras que los bebés no deseados permanecían en el suelo.

Los bienes y la riqueza de la familia también pertenecían al *paterfamilias*, que los gestionaba. Incluso proporcionaban una asignación especial llamada *peculium* a sus hijos. Era normal que los romanos trataran a sus hijos de forma diferente a como trataban a sus hijas, ya que los hijos se consideraban valiosos para el linaje familiar; se esperaba de ellos que llevaran el apellido en caso de que su padre falleciera. Las familias que no tenían hijos solían recurrir a la adopción.

Moda romana

Hablando de la moda romana antigua, muchos podrían haber imaginado a los romanos vistiendo togas blanquecinas y un par de sandalias. Sin embargo, para sorpresa de muchos, los romanos no siempre vestían con la icónica toga que aparece en muchas películas y programas de televisión modernos. De hecho, la toga era un atuendo formal que se solía llevar para distinguir a las clases sociales más altas. Había más de un tipo de toga para los ricos. La *toga virilis*, totalmente blanca, la vestían los jóvenes ricos que acababan de alcanzar la edad adulta, mientras que los candidatos a cargos públicos solían llevar la *toga candida*, de color blanco tiza. La *toga praetexta*, decorada con una franja púrpura, solo estaba permitida a senadores y sumos sacerdotes. La más rara de todas era la *toga picta*, de color púrpura sólido y bordada en oro, que estaba estrictamente reservada a los emperadores.

En cuanto a las mujeres, su traje formal se llamaba *stola*. Esta prenda larga y sin mangas solo podían llevarla las mujeres casadas. Como la *stola* era bastante sencilla, las mujeres solían adornarla con elaborados peinados y joyas. Las solteras vestían una simple túnica, similar a la que llevaban los hombres y niños de clase baja.

En el interior, los romanos solían llevar sandalias, las mismas que aparecen en películas y pinturas. Sin embargo, cuando estaban al aire libre o en un viaje largo, se calzaban un par de botas, normalmente de cuero. Estas botas estaban al alcance de todas las clases sociales, aunque los ricos solían optar por un diseño más complejo. Los soldados poseían un par de botas más duraderas conocidas como *caligae*.

¿Qué comían los romanos?

Al amanecer, era normal que los romanos empezaran el día con un *ientaculum* o desayuno sencillo. Al tratarse de la primera comida del día, bastaba con un trozo de pan de la panadería que, la mayoría de las veces, se degustaba con lonchas de queso y vino aguado. Los que no podían permitirse el pan comían gachas básicas de espelta, trigo o mijo cocidos. Se añadían a las gachas algunas especias aromáticas y verduras para realzar su sabor, y solían acompañarse de fruta.

Al mediodía, los romanos descansaban y se sentaban para un almuerzo rápido llamado *prandium*, que consistía en pan salado, queso, fruta y, posiblemente, pescado, carne o huevos. Aunque todos los ciudadanos romanos comían huevos de gallina, los huevos grandes de ganso se consideraban lujosos y los consumían más a menudo los ricos. La cena era la comida principal del día. Los ciudadanos de clase baja solían cenar al atardecer en tabernas, posadas o puestos del mercado. Los aristócratas cenaban reclinados en lujosos sofás.

Los de la clase alta empezaban la cena con una *gustatio* o aperitivo, deleitándose con marisco y huevos. Para pasar al plato principal, se servían opciones más pesadas: carnes y verduras para los plebeyos y platos más exóticos, como erizos de mar, ostras crudas, jabalíes y, a veces, incluso flamencos y pavos reales, para los ricos. El garo, un tipo de salsa de pescado, se utilizaba en los platos para realzar su sabor. En temporada, las manzanas eran el postre favorito. Las uvas, los dátiles, las granadas y los higos acompañados de miel, nata o queso eran postres habituales.

¿Qué hacían los romanos para divertirse?

Los romanos eran amantes del ocio. El Foro, el centro de Roma donde los ciudadanos llevaban a cabo sus negocios, solía estar muy concurrido al amanecer, pero se quedaba tranquilo al atardecer y, a veces, justo después de comer. Los mercados empezaban a cerrar sus puertas, las élites se dispersaban de sus reuniones importantes y los campesinos dejaban sus azadas y hoces para prepararse para el entretenimiento. Algunos pasaban la tarde viendo obras de teatro y musicales. Los que preferían una actividad más relajante acudían a los baños públicos. Disfrutaban de baños calientes, socializaban, nadaban, leían y hacían ejercicio en el gimnasio.

Representación de una carrera de cuadrigas celebrada en el Circo Máximo
https://commons.wikimedia.org/wiki/File:Jean_L%C3%A9on_G%C3%A9r%C3%B4me_-_Chariot_Race_-_1983.380_-_Art_Institute_of_Chicago.jpg

Los entretenimientos más populares en la Roma imperial no eran otros que las carreras de cuadrigas y las luchas de gladiadores, dos de los deportes más violentos de la historia. Las carreras de cuadrigas se celebraban en el Circo Máximo, el mayor estadio o hipódromo romano situado entre las dos colinas de Roma. Se creía que este deporte extremo, cuyas raíces se remontan a la fundación de Roma en el siglo VIII a. C., estaba entrelazado con la antigua religión romana. Por eso, el evento comenzaba siempre con una procesión sagrada de los conductores de las cuadrigas, que iban acompañados de un gran grupo de bailarines, músicos y varias estatuas de dioses romanos por las calles de Roma.

La carrera se desarrollaba en una pista de arena de seiscientos metros de largo. Los corredores de cuadrigas irrumpían por las puertas de la línea de salida una vez que el patrocinador del juego dejaba caer un pañuelo blanco al suelo. Estos audaces pilotos dirigían sus carros a la máxima velocidad —algunos alcanzaban al menos los sesenta kilómetros por hora— antes de poner a prueba sus habilidades en las curvas. Los accidentes y las lesiones eran habituales, lo que explica por qué siempre había asistentes cerca de las pistas listos para entrar y despejar el camino antes de que se diera otra vuelta. Tras un total de siete vueltas, se celebraba con el sonido de las trompetas el primer puesto antes de ser conducido al palco de los jueces, donde se le entregaba la corona de la victoria y el premio en metálico.

Las luchas de gladiadores se celebraban en el famoso Coliseo. Estos sangrientos combates se celebraban entre ocho y doce veces al año. Normalmente estaban patrocinadas por el emperador en el poder, no solo para entretener a sus súbditos, sino también para evitar revueltas. Además de los combates con armas y animales salvajes, se representaban batallas navales, aunque este tipo de eventos eran muy poco frecuentes.

Durante una lucha de gladiadores, todo el estadio se llenaba de cánticos de los cincuenta mil espectadores. Los gladiadores, en su mayoría prisioneros de guerra, criminales condenados a muerte o esclavos, entraban en la arena portando armas que dominaban: el *gladius* y la maza eran las más utilizadas. Entonces luchaban, blandiendo y clavándose las espadas unos a otros mientras la multitud vitoreaba.

Escena de un juego de gladiadores
https://commons.wikimedia.org/wiki/File:Jean-Leon_Gerome_Pollice_Verso.jpg

Aunque la muerte y los baños de sangre eran bastante comunes en un juego de gladiadores, perder un combate no siempre significaba una muerte segura. Su destino también dependía de los patrocinadores de los juegos, ya que eran ellos quienes establecían las reglas. Si los patrocinadores no tenían previsto presenciar un combate a muerte, el gladiador vencedor podía aceptar la rendición de su oponente. Los espectadores también podían influir en la decisión del gladiador ganador sobre si perdonaba o mataba a su oponente perdedor.

Aunque los juegos de gladiadores se consideraban una de las principales formas de entretenimiento de Roma, su importancia empezó a deteriorarse cuando el imperio comenzó a abrazar el cristianismo. En 325 d. C., el emperador Constantino prohibió los juegos por razones humanitarias; las luchas se consideraban lo contrario de la paz civil y doméstica.

Capítulo 12 - Religión y educación

Roma fue uno de los imperios más poderosos del mundo occidental. Sin embargo, el imperio no fue la primera civilización del mundo occidental. De hecho, Roma no cobró vida hasta el siglo VIII a. C., milenios después del nacimiento de Grecia. Sin embargo, se sabe que la península itálica estuvo en contacto con Grecia durante mucho tiempo, lo que propició la asimilación de la cultura y la religión griegas. Al igual que los griegos, los romanos eran una civilización politeísta, lo que significaba que adoraban a varios dioses a la vez.

Al estar influenciados por los griegos, el panteón romano se correspondía en su mayoría con los olimpos griegos. Tres de los dioses más importantes de Roma eran Júpiter, Juno y Minerva, denominados respectivamente Zeus, Hera y Atenea en el panteón griego. Otras deidades importantes de la antigua religión romana eran Neptuno, Venus y Marte, que se correspondían con Poseidón, Afrodita y Ares en la mitología griega. Los antiguos romanos también creían que estos dioses desempeñaron un papel en la fundación de su ciudad.

Se creía que Marte, el dios de la guerra, había tenido dos hijos con una mujer llamada Rea Silvia; algunas fuentes afirman que fue Hércules quien dio a luz a estos niños en lugar de Marte. Pero como Rea Silvia había hecho voto de celibato, su embarazo significaba una muerte segura. En aquella época, era habitual enterrar vivos a los que habían roto sus votos. Sin embargo, Amulio, el rey de una ciudad prerromana llamada Alba Longa, decidió perdonar a Rea Silvia para evitar la ira de Marte. En su lugar, el rey la envió a prisión mientras condenaba a sus dos hijos a morir por uno de estos tres métodos: enterrado vivo, expuesto a la intemperie o ahogado en el río Tíber. El rey no quería mancharse las manos, así que ordenó a su sirviente que llevara a cabo el asesinato.

El pastor llevando a Rómulo y Remo a casa de su esposa
https://commons.wikimedia.org/wiki/File:Mignard_-
The_Shepherd_Faustulus_Bringing_Romulus_and_Remus_to_His_Wife.jpg

Al mirar a los infantes, cuyos nombres eran Rómulo y Remo, el sirviente no pudo evitar sentir lástima. Decidió colocarlos dentro de una cesta y los dejó flotar por el río Tíber. Bajo el cuidado del dios del río Tiberino, los dos niños sobrevivieron y fueron encontrados por una loba que los amamantó. Más tarde, Rómulo y Remo fueron descubiertos y adoptados por un pastor y su esposa. Crecieron y se convirtieron en pastores, pero los dos se metieron en problemas, por lo que Remo fue capturado y presentado ante el propio rey Amulio. Rómulo se apresuró a salvar a su hermano, matando al rey en el proceso. Los ciudadanos les ofrecieron el trono, pero los hermanos insistieron en fundar su propia ciudad.

Así que emprendieron un viaje para encontrar el mejor emplazamiento para su nueva ciudad. Rómulo sugirió construir los cimientos en el monte Palatino, mientras que Remo eligió el monte Aventino. Este desacuerdo se convirtió en una disputa, que llevó a Rómulo a construir trincheras y muros alrededor de la colina Palatina. Para burlarse de su hermano, Remo se burló de los muros e intentó saltarlos. La mayoría de las historias cuentan que Rómulo mató entonces a su hermano, lo que algunos creyeron una señal de los dioses de que favorecían la ubicación de Rómulo.

Lamentando la muerte de su hermano, Rómulo lo enterró con todo respeto. El mismo día del funeral, que fue, según la tradición, el 21 de abril del 753 a. C., Rómulo fundó Roma, ciudad que lleva su nombre. Como primer rey de Roma, Rómulo gobernó la ciudad hasta su muerte. Debido a sus logros, se creía que Rómulo se había convertido en un dios, una práctica que fue normalizada por los emperadores debido a su pretensión de descender de los propios dioses. Más tarde, bajo el culto imperial romano, el Senado votaba si su emperador fallecido ascendía o no a un estado de divinidad.

A medida que Roma se convertía en una ciudad más grande, expandiendo su poder sobre diferentes reinos y convirtiéndose finalmente en un enorme imperio, la religión romana vio una explosión de diversas festividades y celebraciones. A mediados de diciembre, los romanos se reunían para celebrar la Saturnalia, una fiesta en honor de Saturno, el dios romano de la agricultura. Durante esta época del año, todos los comercios, escuelas e incluso los tribunales de justicia cerraban sus puertas para prepararse para una gran celebración. De todas las celebraciones religiosas de Roma, Saturnalia era considerada la más emocionante y animada. Catulo, el poeta romano, la describió como el mejor de los tiempos. Incluso el escritor romano Plinio tuvo que encerrarse en una habitación insonorizada para trabajar debido al alegre ruido de la gente celebrando.

Los romanos celebrando Saturnalia

Themadchopper, Antoine-François Callet, CC0, vía Wikimedia Commons:
https://commons.wikimedia.org/wiki/File:Saturnalia_by_Antoine_Callet.jpg

Las casas de Roma se decoraban con coronas y mucha vegetación. Durante la semana solo había banquetes, juegos de azar, cantos y música. El intercambio de regalos era una práctica común, y el regalo más popular eran las velas llamadas *cerei*. Cuando se construyó el Templo de Saturno en el siglo IV d. C., se dio vida a otro ritual, ya que se sacrificaban cerdos jóvenes delante del público.

Otra fiesta importante era la llamada Cerealia. Se celebraba en honor de la diosa del grano Ceres, a la que honraban especialmente los plebeyos. Se celebraba entre mediados y finales de abril —posiblemente del 12 al 18— con la esperanza de que la diosa concediera buenas cosechas.

Las actividades comunes que tenían lugar durante Cerealia eran los juegos circenses llamados *Ludi Ceriales*, que normalmente se celebraban en el Circo Máximo. Según los relatos de Ovidio, el famoso poeta romano, durante los juegos se podía ver a mujeres vestidas de blanco corriendo por la arena con antorchas encendidas. Esto se hacía para simbolizar un acontecimiento de la mitología romana en el que Ceres buscaba a su hija, Proserpina, que había sido llevada al inframundo por Plutón. La celebración también incluía carreras de caballos y representaciones teatrales.

Otras festividades religiosas celebradas por los romanos eran la Liberalia, en marzo, para conmemorar a Liber, dios del vino, la libertad y la fertilidad, y la Lupercalia. Esta última se celebraba cada 15 de febrero y, a diferencia de la animada Saturnalia, esta fiesta era más bien sangrienta y violenta, ya que pretendía ahuyentar a los malos espíritus y evitar la infertilidad. Su ritual incluía el sacrificio de machos cabríos y un perro, y los sacerdotes romanos se untaban la cara con la sangre de los animales sacrificados. Sin embargo, después de que el cristianismo se convirtiera en la religión oficial del Imperio romano, estas antiguas celebraciones empezaron a desaparecer, aunque algunas se fusionaron con la nueva religión.

El duro comienzo del cristianismo y cómo prevaleció la religión

Roma fue testigo de la aparición de muchas religiones y cultos, y toleró algunas de sus creencias y prácticas, pero no todos gozaron del mismo trato. Ciertas religiones y cultos fueron prohibidos o incluso perseguidos si los romanos los consideraban antinaturales o inadecuados. Por ejemplo, los druidas celtas que practicaban el sacrificio de seres humanos fueron aniquilados por el ejército romano. Los romanos también estaban en contra del judaísmo, probablemente debido al prolongado conflicto y conquista de Judea por parte de Roma. Se dice que Tiberio prohibió esta religión, y el emperador Claudio llegó incluso a desterrar a los judíos de la Ciudad Eterna.

Otra religión a la que los romanos se opusieron tajantemente fue el cristianismo. Las razones varían, pero la más plausible es que los cristianos creían en un único dios. La antigua Roma adoraba a múltiples dioses desde los primeros días de su existencia. Es seguro decir que el paganismo romano se centraba más en el presente; no había detalles exactos sobre la vida después de la muerte y la salvación. Dicho esto, los romanos creían que la principal razón para adorar a los dioses era obtener sus bendiciones y evitar su ira. Negarse a hacerlo solo acarrearía una terrible enfermedad o quizá el hambre o una plaga. Si se adoraba y honraba a los dioses como era debido, los romanos recibirían abundantes riquezas, salud y éxitos militares.

Los cristianos solo creían en su dios, lo que llevó a los romanos a concluir que era una forma de afirmar que sus dioses eran falsos. Los cristianos también se negaban a ofrecer sacrificios a los dioses romanos o a los emperadores, una decisión que se consideraba desleal al imperio. Los romanos temían que la negativa de los cristianos a participar en cualquier tipo de práctica pagana enfureciera a sus dioses y provocara un gran caos y problemas. Cada vez que el imperio se veía desbordado por una determinada crisis, incluso tan pequeña como una turba enfurecida en la ciudad, los romanos tendían a apuntar con el dedo a los cristianos. La persecución de los cristianos se convirtió poco a poco en la norma, especialmente en Roma.

La mayor y más infame persecución que tuvo lugar en el Imperio romano fue la del emperador Nerón. El emperador ya era impopular entre algunos de sus súbditos, si no todos. Así que, cuando se produjo un repentino incendio que arrasó casi dos tercios de la Ciudad Eterna, al emperador no le quedó más remedio que buscar un chivo expiatorio para desviar la ira y la culpa de los ciudadanos. El blanco más fácil fueron los cristianos, que ya habían sido demonizados por muchos. Nerón culpó del incendio a los cristianos, lo que dio lugar a una ejecución masiva. El emperador Decio también persiguió sin piedad a muchos cristianos en el año 250 d. C. cuando descubrió su negativa a hacer un sacrificio a los dioses romanos delante de los funcionarios.

Cuando Constantino tomó el manto, los cristianos empezaron a ver la luz al final del túnel. Aunque la persecución de los cristianos había terminado antes del reinado de Constantino, seguían viviendo con miedo. Eso fue hasta que Constantino afirmó haber visto una visión milagrosa de la cruz cristiana en su sueño la noche antes de la batalla del Puente Milvio en el siglo IV de nuestra era. Desde que salió victorioso, Constantino se declaró un cristiano devoto, aunque las fuentes sugieren que no fue bautizado hasta su lecho de muerte. No obstante, Constantino fue nombrado el primer emperador romano que aceptó la religión con los brazos abiertos.

El bautismo de Constantino
https://commons.wikimedia.org/wiki/File:Raphael_Baptism_Constantine.jpg

El emperador financió y encargó la construcción de iglesias en su nueva capital, Constantinopla. Aunque algunos romanos seguían practicando el paganismo, coexistiendo con el cristianismo y otras religiones, ahora los cristianos podían salir de la seguridad de sus casas y participar en la vida cívica romana. Mediante el Edicto de Milán, el cristianismo obtuvo estatus legal por primera vez en la historia. Sin embargo, tras la muerte de Constantino, el destino del cristianismo volvió a pender de un hilo, ya que algunos emperadores reinantes seguían mostrándose escépticos ante la religión. Pero en este periodo de tiempo, la religión estaba creciendo en popularidad. Finalmente, bajo el reinado de Teodosio I, el cristianismo se convirtió en la religión oficial del Imperio romano, mientras que la antigua religión pagana fue suprimida.

La educación en la Roma imperial

La educación era muy importante en la antigua Roma. Sin embargo, no todos los habitantes del imperio podían permitirse el lujo de asistir a la escuela. Aunque los pobres y los plebeyos recibían alguna educación básica, la educación formal, basada sobre todo en el sistema griego, se reservaba normalmente a los niños nacidos en familias adineradas.

A las niñas, en cambio, se les impedía recibir una educación avanzada. Solo se les enseñaba a escribir y leer, y estas lecciones solo podían impartirse en su casa. A algunas les enseñaban sus propias madres, mientras que las de las clases sociales más altas eran puestas bajo el cuidado de instructores contratados. Desde el punto de vista de los romanos, se esperaba que las niñas se centraran más en alcanzar su objetivo final en la vida: casarse y tener hijos. Así pues, la infancia de una niña romana solía estar repleta de lecciones sobre cómo ser una buena esposa y madre.

Sin embargo, el lado positivo era que las niñas podían evitar las lesiones causadas por los maestros. Se decía que la educación en la antigua Roma se basaba en el miedo, e incluso existía un antiguo dicho romano que afirmaba que aquellos que nunca habían sido azotados no estaban formados. Fieles a este dicho, los instructores o maestros solían golpear a sus alumnos con un bastón o un látigo de cuero si cometían el más mínimo error en clase. En algunos casos, los que cometían demasiados errores en poco tiempo eran sujetados por dos esclavos mientras su maestro los golpeaba varias veces con un látigo de cuero.

En la Roma imperial había diferentes etapas educativas. La primera era más bien informal, ya que se centraba más en la educación moral, que los niños recibían de sus padres. En esta etapa, a los niños se les enseñaban diversas habilidades necesarias para vivir una vida en la ciudad, desde la agricultura hasta las habilidades militares y las responsabilidades civiles. También se los educaba sobre la tradición romana y las formas de respetarla. La lectura, la escritura y la aritmética básicas eran enseñadas normalmente por el *paterfamilias* o el líder masculino de la familia.

Mientras que los ricos continuaban su educación con tutores privados, los chicos de clase media eran enviados al *ludus litterarius*, una escuela primaria impartida por un maestro denominado *litterator*. En aquella época, no existía una ubicación exacta para una escuela primaria, ya que podía cambiar de un lugar a otro. Algunos estudiaban en gimnasios o residencias privadas, mientras que había otros que lo hacían en la calle. En esta etapa, los alumnos se centraban sobre todo en mejorar su lectura, escritura y matemáticas. La literatura era el material didáctico más común, utilizándose obras de Homero y Hesíodo. Como el pergamino y el papiro eran bastante caros en aquella época, los estudiantes solo podían escribir en una tablilla de cera. Una vez que demostraban una gran mejora en su escritura, sus instructores les proporcionaban papiro para escribir.

A los nueve años, los ricos pasaban a aprender habilidades más importantes de un *grammaticus*, que perfeccionaba la expresión oral de sus alumnos. Los que aún no dominaban el griego aprovechaban esta oportunidad para perfeccionar sus habilidades lingüísticas, ya que los romanos de élite debían ser bilingües. La mayor parte del tiempo, estos estudiantes pasaban el día escuchando las conferencias de su *grammaticus*, o *narratio*, y practicando la lectura expresiva de poesía.

Los estudiantes de élite que habían demostrado su valía a lo largo de los años tenían la oportunidad de continuar sus estudios como oradores. Este nivel de educación era crucial para quienes aspiraban a ser abogados y políticos. Posiblemente originario de Grecia, este nivel de educación no era impartido estrictamente por un profesor, sino que se realizaba sobre todo a través de cuidadosas observaciones de sus mayores y mentores. En este punto, los oradores se centraban principalmente en aprender el arte de hablar en público, al tiempo que recibían nuevos conocimientos de geografía, literatura, música, filosofía, mitología y geometría, algunos de los cuales eran absolutamente importantes para tener la oportunidad de presentarse a las elecciones algún día.

Conclusión

El Imperio romano lanzó numerosas campañas e introdujo diversas leyes en sus numerosas provincias. Pero al final, el otrora floreciente imperio se desmoronó cuando Roma fue arrebatada a su pueblo, un acontecimiento que conmocionó definitivamente al mundo de entonces. Las murallas fortificadas de Roma fueron finalmente penetradas por los testarudos bárbaros. Bajo un nuevo gobernante, el imperio se dividió en una serie de reinos feudales con su propio código de leyes, costumbres y tradiciones. Pero a pesar de la caída de Roma, el imperio consiguió dejar su huella e influencia. De hecho, ciertos aspectos de la vida romana sobrevivieron y se practicaron en algunos de estos nuevos reinos.

La mitad oriental del Imperio romano sobrevivió y mantuvo su presencia en el mundo durante unos mil años más tras la derrota de su homólogo occidental. Con Constantinopla actuando ahora como la «nueva Roma», los romanos reanudaron sus vidas. Aunque todavía se consideraban parte del Imperio romano, la mayoría de los expertos se refieren al Imperio romano de Oriente como el Imperio bizantino.

Aunque el poderoso Imperio romano es cosa del pasado, su influencia aún puede sentirse hoy en día. Tuvo un enorme impacto en la arquitectura, la tecnología, el derecho, las artes, la literatura e incluso la religión. Especialmente en las culturas occidentales, se pueden encontrar numerosas huellas dejadas por los romanos. Por ejemplo, muchas estructuras romanas sobrevivieron, y algunas de sus técnicas de construcción se tomaron prestadas y aún se utilizan en el mundo moderno. El Arco del Triunfo del Carrusel de París se asocia a menudo con la arquitectura romana; su diseño guarda un asombroso parecido con el Arco de Septimio Severo de Roma.

William Shakespeare ha quedado inmortalizado para siempre como el mayor escritor inglés de todos los tiempos, gracias a Ovidio y algunos otros poetas nacidos durante la época dorada de la literatura romana. El latín, lengua materna de los romanos, sirvió de base a la lengua española. Algunos meses del calendario que hoy conocemos deben su nombre a los romanos: enero, marzo, mayo y junio recibieron el nombre de los antiguos dioses romanos, mientras que julio y agosto se llamaron así en honor de Julio Cesar y Augusto.

Los conceptos romanos de leyes y sistemas de justicia se utilizaron ampliamente como esbozo de los sistemas jurídicos modernos, especialmente en Europa y Estados Unidos. El Imperio romano también desempeñó un papel clave en la difusión del cristianismo. Aunque la religión monoteísta fue inicialmente rechazada por los romanos, cuando finalmente se convirtió en la religión oficial, su influencia empezó a repercutir en casi todos los aspectos de la vida de los romanos. La Navidad, la fiesta más popular que celebran hoy los cristianos, remonta sus orígenes al Imperio romano. Algunas de sus tradiciones, como el intercambio de regalos, los banquetes, los cantos y el encendido de velas, se siguen practicando hoy en día; sin embargo, se tomaron prestadas de Saturnalia, una antigua celebración invernal romana.

Con todos los triunfos y logros obtenidos por el otrora floreciente imperio, no es de extrañar que el mundo pueda sentir aún hoy su presencia. Puede que el Imperio romano llegara a su fin hace más de mil años, pero muchos coinciden en que los romanos nos ayudaron sin duda a sentar las bases de casi todos los aspectos del mundo moderno. Puede que nos cueste imaginar las similitudes que tenemos con los romanos, ya que sus vidas giraban constantemente en torno a sangrientas guerras y conquistas, pero también es imposible negar que Roma está arraigada en nuestras vidas. A pesar de los numerosos episodios violentos que tuvieron lugar a lo largo de los años del Imperio romano, su legado seguirá vivo y servirá de ejemplo para las generaciones venideras.

Vea más libros escritos por Enthralling History

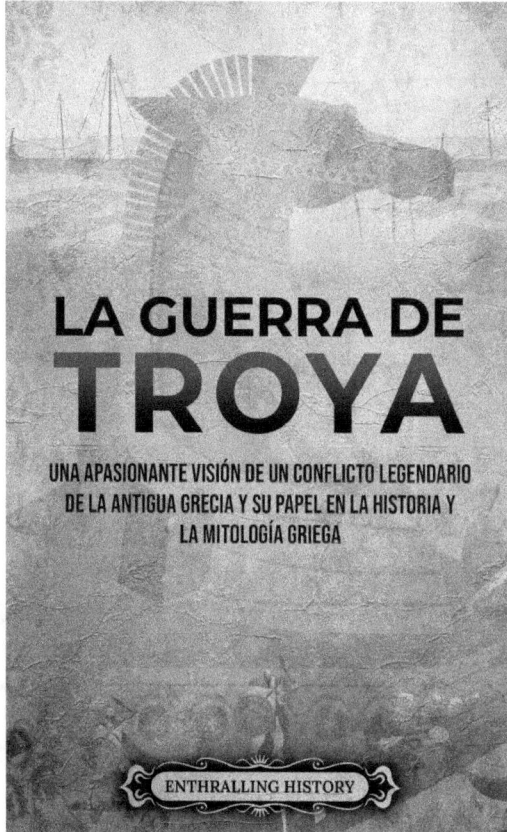

Bibliografía

Addis, F. (2020). *The Eternal City: A History of Rome* (Reprint ed.). Pegasus Books.

Ambler, J. L. (n.d.). Introduction to ancient Roman art (article). Khan Academy. https://www.khanacademy.org/humanities/ancient-art-civilizations/roman/beginners-guide-rome/a/introduction-to-ancient-roman-art

Andrews, E. (21 de julio de). 8 Ways Roads Helped Rome Rule the Ancient World. HISTORY. https://www.history.com/news/8-ways-roads-helped-rome-rule-the-ancient-world

Augustus Closes the Temple of Janus. (2019, October 10). History Today. https://www.historytoday.com/archive/foundations/augustus-closes-temple-janus

Bileta, V. (19 de julio de 2021). Rome Halts the Huns: The Battle of Châlons (Catalaunian Plains). TheCollector. https://www.thecollector.com/the-decisive-battle-of-chalons-catalaunian-plains-an-in-depth-review/

Campbell, C. J. (24 de marzo de 2022). Peace & Prosperity: What Was the Pax Romana? TheCollector. https://www.thecollector.com/what-was-pax-romana/

Cartwright, M. (30 de julio de 2022). Roman Roads. World History Encyclopedia. https://www.worldhistory.org/article/758/roman-roads/

Cartwright, M. (31 de julio de 2022). Roman Baths. World History Encyclopedia. https://www.worldhistory.org/Roman_Baths/

Cartwright, M. (31 de julio de 2022). Roman Siege Warfare. World History Encyclopedia. https://www.worldhistory.org/Roman_Siege_Warfare/

Cartwright, M. (1 de agosto de 2022). Circus Maximus. World History Encyclopedia. https://www.worldhistory.org/Circus_Maximus/

Cartwright, M. (1 de agosto de 2022). Praetorian Guard. World History Encyclopedia. https://www.worldhistory.org/Praetorian_Guard/

Cartwright, M. (1 de agosto de 2022). Roman Senate. World History Encyclopedia. https://www.worldhistory.org/Roman_Senate/

The Cursus publicus: The Courier Service of the Roman Empire: History of Information. (n.d.). History of Information. https://www.historyofinformation.com/detail.php?id=1394

Gill, N. S. (17 de marzo de 2018). What Was Life Like During the Pax Romana? ThoughtCo. https://www.thoughtco.com/what-was-the-pax-romana-120829

Jasiński, J. (29 de junio de 2022). Scutum. IMPERIUM ROMANUM. https://imperiumromanum.pl/en/roman-army/equipment-of-roman-legionary/scutum/

Klein, C. (21 de julio de 2022). How Ancient Rome Thrived During Pax Romana. HISTORY. https://www.history.com/news/pax-romana-roman-empire-peace-augustus

Land, G. (9 de agosto de 2018). Trade and Transport at the Height of the Roman Empire. History Hit. https://www.historyhit.com/trade-and-transport-at-the-height-of-the-roman-empire/

Mark, J. J. (31 de julio de 2021). Ancient Roman Society. World History Encyclopedia. https://www.worldhistory.org/article/1463/ancient-roman-society/

Mark, J. J. (1 de agosto de 2022). Vestal Virgin. World History Encyclopedia. https://www.worldhistory.org/Vestal_Virgin/

PBS. (n.d.). The Roman Empire: in the First Century. The Roman Empire. Social Order. Slaves & Freemen | PBS. https://www.pbs.org/empires/romans/empire/slaves_freemen.html

Preskar, P. (30 de diciembre de 2021). The Praetorian Guard —Power, Greed, and Terror | History of Yesterday. Medium.

Provincial Government of the Roman Empire | UNRV.com Roman History. (n.d.). UNRV History. https://www.unrv.com/government/provincialgovernment.php

Ricketts, C. (25 de julio de 2018). 5 Important Roman Siege Engines. History Hit. https://www.historyhit.com/important-roman-siege-engines/

Ricketts, C. (30 de julio de 2018). Divorce and Decline: The Division of East and West Roman Empires. History Hit. https://www.historyhit.com/divorce-and-decline-the-division-of-east-and-west-roman-empires/

Ricketts, C. (9 de agosto de 2018). The Growth of Christianity in the Roman Empire. History Hit. https://www.historyhit.com/the-growth-of-christianity-in-the-roman-empire/

Roman Carriages. (s/f). Vita Romae. https://www.vita-romae.com/roman-carriages.html

The Roman Empire and Trade. (2015). History Learning. https://historylearning.com/a-history-of-ancient-rome/the-roman-empire-and-trade/

Roman Roads. (s/f). Vita Romae. https://www.vita-romae.com/roman-roads.html

Severus: Rome's first African Emperor. (n.d.). Sky HISTORY TV Channel. https://www.history.co.uk/article/severus-rome%E2%80%99s-first-african-emperor

Warfare History Network. (14 de julio de 2022). The Roman Gladius. https://warfarehistorynetwork.com/article/the-roman-gladius/

Wasson, D. L. (30 de julio de 2022). Roman Emperor. World History Encyclopedia. https://www.worldhistory.org/Roman_Emperor/

Wasson, D. L. (31 de julio de 2022). Constantine I. World History Encyclopedia. https://www.worldhistory.org/Constantine_I/

Wikipedia contributors. (11 de abril de 2022). Temple of Janus (Roman Forum). Wikipedia. https://en.wikipedia.org/wiki/Temple_of_Janus_(Roman_Forum)

Wikipedia contributors. (27 de mayo de 2022). Peregrinus (Roman). Wikipedia. https://en.wikipedia.org/wiki/Peregrinus_(Roman)

Wikipedia contributors. (25 de junio de 2022). Pax Romana. Wikipedia. https://en.wikipedia.org/wiki/Pax_Romana

Wikipedia contributors. (19 de julio de 2022). Testudo formation. Wikipedia. https://en.wikipedia.org/wiki/Testudo_formation

Wikipedia contributors. (27 de julio de 2022). Baths of Caracalla. Wikipedia. https://en.wikipedia.org/wiki/Baths_of_Caracalla

Wikipedia contributors. (29 de julio de 2022). Roman Forum. Wikipedia. https://en.wikipedia.org/wiki/Roman_Forum

Wikipedia contributors. (30 de julio de 2022). Marian reforms. Wikipedia. https://en.wikipedia.org/wiki/Marian_reforms#Marian_reforms

Williams, J. A. (6 de mayo de 2022). What life as a Roman emperor was really like. Grunge.Com. https://www.grunge.com/855148/what-life-as-a-roman-emperor-was-really-like/